Klara Hechtenberg

Fremdwörterbuch des siebzehnten Jahrhunderts

Verlag
der
Wissenschaften

Klara Hechtenberg

Fremdwörterbuch des siebzehnten Jahrhunderts

ISBN/EAN: 9783957006110

Auflage: 1

Erscheinungsjahr: 2015

Erscheinungsort: Norderstedt, Deutschland

© Verlag der Wissenschaften in Vero Verlag GmbH & Co. KG. Alle Rechte beim Verlag und bei den jeweiligen Lizenzgebern.

Webseite: http://www.vdw-verlag.de

Fremdwörterbuch

des

siebzehnten Jahrhunderts

Dr. phil. **Klara Hechtenberg,**
Lecturer in Germanic Philology, Oxford.

Berlin W. 35.
B. Behr's Verlag.
1904.

Herrn und Frau Professor Dr. Joseph Wright

gewidmet

als Zeichen der Hochachtung.

Oxford, Nov. 1903.

Einleitung.

Vorliegendes Fremdwörterbuch des 17. Jahrhunderts hat als Grundlage die Listen meiner beiden 1901 u. 1903[1]) erschienenen Schriften über die Fremdwörterfrage. Die dortigen Sammlungen sind jedoch durch Benutzung weiterer Hilfsquellen,[2]) die ich z. T. in Dr. Georg Steinhausens „Geschichte des deutschen Briefes" erwähnt fand, bedeutend vermehrt worden, so dafs die Zahl der angeführten Wörter sich auf 3380 beläuft.

Das Resultat zeigt, dafs beinahe die Hälfte der damals augewandten Fremdwörter heutzutage in der Literatursprache gang und gäbe ist.[3])

In den Verzeichnissen ist zunächst die Form des Fremdworts gegeben, in welcher es bei seinem ersten Auftreten erscheint. Nur selten sind sonstige Formen desselben Wortes bezeichnet und zwar da, wo sie zur Erläuterung ratsam erschienen und wo sie grofse Veränderung zeigen.

Die vor dem siebzehnten Jahrhundert in unsere Sprache eingetretenen Fremdwörter sind mit einem Sternchen bezeichnet.

Bei allen Fremdwörtern, welche nicht gemeinverständlich sind, ist Etymologie und Bedeutung hinzugefügt worden; dieselben sind hier gesperrt gedruckt.

Diejenigen Wörter, welche man in der jetzigen Umgangssprache benutzt, sind zu den allgemein verständlichen gerechnet, obgleich manche mit lateinischen Endungen versehen sind, während sie heutzutage deutsche angenommen haben. In diesem Punkt kann natürlich grofse Meinungsverschiedenheit herrschen, da in manchen Gegenden ein Wort gang und gäbe ist, welches

---

[1]) Vgl. Textverzeichnis S. 139.
[2]) Die untersuchten Schriften datieren aus dem 17. Jahrhundert mit Ausnahme der „Erläuterungen zum Verstande der Schifffahrt etc.". Die wenigen dieser Schrift zur Erläuterung entnommenen Worte waren schon in der Sprache des 17. Jahrhunderts vertreten.
[3]) Unter den gegebenen 3380 Fremdwörtern sind 1637 allgemein bekannt; die übrigen 1743 werden in der Umgangssprache sowie in gemeinverständlichen literarischen Produkten (d. h. in solchen, die nicht für Fachgelehrte bestimmt sind) nicht gebraucht.

in andern kaum gebraucht wird. Zweifelhafte Fälle mufsten nach eigenem Gutdünken entschieden werden.

Hier sowohl als auch bei der Angabe der verschiedenen Sprachen, aus denen die betreffenden Wörter entnommen sind, ist die Entscheidung auf Grund etymologischer Wörterbücher, literarischer Werke und philologischer Lautgesetze getroffen worden. Die aus dem Lateinischen entlehnten Fremdwörter sind unbezeichnet geblieben. — Die Zahlen geben die betreffenden Seiten in dem gegebenen Text an. Die Zahlen in Klammern geben an, wie oft das betreffende Wort noch an sonstigen neben den bezeichneten Stellen vorkommt.[1])

Bei näherer Untersuchung betreffs der Sprachen, welchen die aufgezählten Fremdwörter entnommen sind, zeigt sich, dafs die gröfsere Anzahl derselben aus dem Lateinischen stammt; in zweiter Linie kommt das Französische in Betracht; nur wenige sind andern Sprachen, z. B. dem Italienischen, Griechischen, Spanischen, Englischen etc. entnommen.

Oxford, Juli 1903.

Klara Hechtenberg.

---

[1]) In dem für das „Colloquium" benutzten Texte waren die Seiten nicht numeriert; die Zahlen in Klammern geben an, wie oft das betreffende Wort im „Coll." auftritt.

Wörterbuch.

à UAE. fz.
ab (eventu) WVSS. 203. — Grundbedeutung: Präp. & Vorsilbe, vor Kons. gewöhnlich: a.
abandonnieren GW., LL., FK. — abandonner — abandonnieren auf etwas verzichten, es im Stiche lassen; im Kriegswesen: abandonnierte Posten, d. h. aufgegebene, verlorne. fz.
abbé OPf. 273 — abbé — Abt.; Weltgeistlicher. fz.
abbrevierte JdE. 124. — abbreviare — abbrevieren = abbreviiren, abkürzen, verkürzen.
Ablativum JdE. 269, 303.
abrupte UAE. — abruptus, a, um, part. perf. pass. v. abrúmpere — abrupt, abgebrochen, abgerissen, zusammenhanglos; vgl. Abruptio, Abbrechung, Zertrennung, Zerreifsung; Abrupta, schnelle, aus dem Stegreif hervorgebrachte, witzige Einfälle.
abscondit JdE. 475. — abscondĕre bergen, entfernen.
absentirt OZ., BE. 54. — s'absenter — absentiren = absentieren, refl. sich absentieren, wegbegeben. fz.
absentium Coll., — ia KL. III, 45. — absentia — Absenz, Abwesenheit, Zerstreutheit; vgl. absent, Absentismus; absentium ist zuweilen Nbf. v. absinthium Absinth, Wermut.
absoluten StM. 343, UAE., BE. 157, ThB.
*Absolution Vog. I, 312, 346, Vog. II, 177, Büch. 29, JdE. 331.
*absolvirt Vog. I, 313, JdE. 161, 287, 576, UAE., Coll. (3). KL. II, 22.
absque GW., OZ., BE. 289. — absque — fern von; Präp. & Adv.
abstractis Dr. ä. E. 188, 188. — subst. gebr. Part. v. abstrahĕre — Abstrákt, abstrahiert, für sich allein betrachtet, Gegens. z. konkret.
abstraction LL. fz.
abstrahiren ThB.
absurditäten Dr. ä. E. 136, absurditate Coll. — absurditas, gen. -tatis — Absurdität, Albernheit, Unsinn, Ungereimtheit.
absurdum GW. — absurdus, a, um — absurd, abgeschmackt, vernunftwidrig.

Abundantia, JdE. 345. — abundantia — Abuudantia, Göttiu
des Reichtums, Fülle, Überflufs.
Academiam Simpl. 489, Büch. 11, 24, FK.; vgl. Academia, ein
Verein von Tonkünstlern MT.; accademien OPf. VI, 41.
acedemicis FK.
academiſchen FK.
accedente Coll. — part. perf. v. accedēre — accedieren, beitreten, beistimmen, vgl. Accedenz, Bewilligung.
acceptiren Simpl. 789, WVSS. 156, 157, 168, 240, 246, 258 etc. fz.
acceptirliche (Sch. 296).
Accefs GW., acces OPf. 56.
accidentia Dr. ä. E. 154, 154, JdE. 303, 304, 305 etc. accidenz
AsB. 79, Coll. (3). — accidentia — Accidentien, die Gebühren aufser der ordentlichen Besoldung, Nebeneinkünfte,
zufällige Dinge.
Accisen UAE, BE 89, 90, 101, 171, 197, 212 (+ 2) — accise —
Accise, Zollgelder, Verzehr-, Verbrauchsteuer. fz.
acclamatione KL. III, 135. — acclamatio, gen. -onis —
Acclamation, Akklamation, Zuruf, Massenzuruf.
Accomodation UAE. — accommodation — Accommodation,
Akkommodation = Accommodierung, Anbequemung, Nachgiebigkeit. fz.
accommodiret Dr. ä. E. 55, 128, 173, 467, 480 etc. KJ. 801,
UAE., accomotieren KL. II, 84. — accommoder, s'accommoder — accommodieren, akkommodieren, anbequemen;
refl. sich fügen, schicken; vgl. accommodiren = einrichten
(ein Instrument) MT. fz.
Accommoditäten RPl. 323. — accommodatio, gen. -onis —
Accommodität, Akkommodität, im selben Sinne gebr. wie
fz. accommodement, bequeme Einrichtung eines Hauses
& Accommodation, Akkommodation, Anbequemung, Bewirtung etc.
Accord Simpl. 432, 956, 958, 1015 etc. JdE. 294, UAE, accorts
Dkw. 23, WVSS. 201, 204, 206, 326, BE. 205, 221, 230, 339,
373; vgl. Accord = Zusammenklang der Töne MT. fz.
Accordat GW.
accordiren GW. 31, 988, Dr. ä. E. 32, 62, WVSS. 155, 214, UAE.;
OPf. VI, 317. fz.
accostiren HW. — accoster — accostieren, anreden. fz.
accurat Dr. ä. E. 136.
accusationis BE. 1]. — accusatio, gen. -onis — Accusation,
Akkusation, Anklage.
Acheminement BE. 306. — acheminement — Beförderungsmittel, Weg zu, Schritt zu, Einleitung zu; vgl. acheminieren,
in Gang bringen, einleiten. fz.

acquiesciret HW., FK. — acquiéscere — acquiesciren =
acquieszieren, sich bei etwas beruhigen, es sich genügen
lassen.
acquirirten Kl. II 330. — acquírere — acquiriren = acqui-
rieren, zu erwerben suchen, zu verschaffen suchen, erwerben,
verdienen. — vgl. Acquirént < acquirens, gen. -rentis,
part. praes. act. v. acquírere.
Acquisition BE. 358. — acquisition — Erwerbung, Erwor-
benes; vgl. Aquísitor, Acquisítum, Acquisíten. fz.
*Act Simpl. 67, Dr. ä. E. 54, 75, 150, 158 etc. KF. I 493; vgl.
acta Schott.
Actie UAE.
Action UAE. 412, Dr. ä. E. 20, 21, 26, 93, 104. 141 etc. JdE.
316, 317, 578, UAE., BE. 51, 83, 138, -ibus Kl. II 23; vgl.
Action, Darstellung Schott.
actioniren Cour. 53. — nlt. actionare — actiouiren = ak-
tionieren, verklagen, gerichtlich belangen; vgl. Actionátor.
Activè JdE. 648.
Actuarium Vog. I 397. — actuarius, gen. -i — Actuarius =
Aktuarius, Aktuar, Gerichtsschreiber, Rechnungsführer.
*Actu Simpl. 71, 541, actus UAE.; vgl actus, factum, Taht Schott.
ad UAE., BE. 86, 100, 125, 243, 266, 279 (+ 7). — ad — zu,
nach, auf, gegen, an; Präp.; vgl. ad acta, zu den Akten
legen, beseitigen etc. ad linguam Schott.
adactum Coll. — adactus — genötigt, gezwungen; vgl. Adaction,
Nötigung, Zwang; e. adacted, gezwungen.
(ad) animum Dr. ä. E. 185, 198. — animus, gen. -i, Nbf. z.
anima — Seele, Geist, Herz, Gemüt, Empfindung, Mut,
Zuversicht etc.
Addresse Simpl. 1011, Adresse BE. 22, 27, 43, 96, 109, 118
(+ 26). fz.
adhaerentum HW. — adhaerens, gen. -rentis, part. praes. act.
v. adhaerere, an etwas hangen, sich anschliefsen, ein An-
hängsel bilden; vgl. Adhärenz, Adhäsion etc.
adhibiert GW. — adhibére — adhibieren. anwenden, ge-
brauchen; vgl. Adhibition.
Adieu Simpl. 1007, Adjeu Simpl. 471, 816, AsB. 56, 72, 258;
OPf. 88,11. fz.
adimpliret UAE. — adimplére — adimpliren, erfüllen, voll-
enden.
A dio JdE. 154 — a dio, addio = fz. Adieu — Gott befohlen,
leben Sie wohl, das Lebewohl, der Abschied. it.
adition Kl. III 106. — additio, gen. -onis — Addition das
Hinzufügen, Beisetzen, Vermehren, Zusammenzählen; vgl.
additional, additionell.

aditum HW., KL. III 9. — aditus, gen. -ūs — Aditus, Zutritt, Zuschufs, Unterstützung.
Adjuto KL. III 47. — adjutus, a, um, part. perf. pass. v. adjuvāre — Adjuten pl., Zulagen, Zuschüsse.
adjourniren BE. 93, 137. — ajourner — ajournieren, adjournieren, auf einen (bestimmten) Tag verschieben, vertagen, vorladen. fz.
Adjunctos ThB., FK. — adjunctus, a, um, part. perf. pass. v. adjungěre — Adjunkt, Einer, der einem anderen in seinem Amte zugeordnet ist, Amtsgenosse; vgl. Adjunctúr.
adjungiret FK. — adjungěre — adjungiren = adjungieren, beifügen (besonders als Gehilfen & künftigen Nachfolger), verbinden, vereinigen.
Adjungirung FK. = Adjunktion. — adjunctio, gen. -onis — Adjunktion, Zuordnung, Zufügung.
Adjustirung BE. 49. — nlt. adjustare, fz. ajuster — Adjustierung, Ankleidung, Anordnung, Ausstattung, z.B. Adjustierung der Heere; vgl. adjustieren, berichtigen, einen Streit ausgleichen, mit dem gehörigen Anzuge versehen (von Soldaten gesagt).
Adjutanten Simpl. 200, 219, 519 etc. fz.
Administration Dr. ä. E. 149, UAE., BE. 46.
Administrators UAE.
administriren Simpl. 748, 983, BE. 21, ThB., KL. II, 14.
Admiral UAE., BE. 72, 73, 221, 299, 300 (+2). fz. (lt.)
Admiralität UAE., BE. 219. fz. (lt.)
admiratione KL. III, 68. — admiratio, gen. -onis — Admiration, Bewunderung.
admiriren OPf. 345 — admirer — admirieren, bewundern fz.
Admissionen Büch. 48. — admission — Admission, Zulassung, Zutritt, Aufnahme. fz.
admittiren UAE., BE. 21. — admittěre — admittieren, zulassen, aufnehmen, gelten lassen.
admoniren OZ. — admoněre — admonieren, warnend erinnern, ermahnen, zurechtweisen.
Adoption BE. 163. fz.
adressirte UAE., BE. 99, OPf. VI, 48. fz.
ad speciam Ges 36. — f. ad speciem; speciem, accus. v. species — ad speciem, zur Täuschung zum Scheine.
Adspiranten (des Staatsdienstes) Stud. 509 = Aspiranten — aspirans, gen. -rantis, part. praes. act. v. aspirare — Adspirant = Aspirant, Bewerber, Amtsbewerber, Einer, der nach etwas strebt, sich um etwas bewirbt.
aduisiren HW. = avisiren. — mlt. avisare — advisieren = avisieren, mit Lebensmitteln versorgen, verproviantieren; vgl. Advis = Avis.

Adulation GW. 146. — adulatio, gen. -onis — Schmeichelei, Kriecherei, Fuchsschwänzerei; vgl. adulatione, Heuchel Schott.

ad unguem Dr. ä. E. 146 = in unguem. — unguem < unguis — bis auf die Nagelprobe, bis aufs Haar, aufs genaueste; vgl. οἷς ὄνυχα, ἐπ᾽ ὄνυχος, bis auf die Nagelprobe.

advancirung BE. 373. = Avancirung. — avancer — Das Wort kommt jetzt nicht vor. Im 17. Jahrh. hatte es die Bedeutung von Vorrücken, Beförderung; vgl. Avancement, Avance. fz.

advantage UAE., BE. 52 = avantage — Avantage, Vorteil, Vozug, Nutzen, Überlegenheit. fz.

Adversariis Büch. 28, 50, TR., FK. — adversarius < adversus, a, um, part. perf. v. advertěre. — Adversarius, Adversaire, Gegner, Widersacher.

advertirt HW. = avertirt. — avertir — avertiren = avertieren, Jemandes Aufmerksamkeit auf etwas richten, benachrichtigen. fz.

Advisen Vog. I, 302, UAE. — Advis = Avis — Gutachten, Nachricht, Bericht, Meldung etc. fz.

*Advocaten Vog. I, 156, Dr. ä. E. 43, 53, 82, 84, 88 etc. JdE. 13, 314, 315, UAE., BE. 27, 28, 29, 41, 171, 333 (+ 2), -iis KFl. 488. fz.

Advocirt Dr. ä. E. 148. — advocare — advociren = advocieren, als Advokat Rechtshändel führen, vor Gericht handeln.

aemulatione HW., KL. III, 76. — aemulatio, gen. -onis — Ämulation, Wetteifer, Nacheiferung, Nachahmung.

aemuliren GW. — aemulari — aemuliren = ämulieren, wett-, nacheifern, kämpfen, streiten.

Aemulos Simpl. 697. — aemulus, i — Wetteiferer, Nebenbuhler, eifriger Anhänger eines philosophischen Systems.

aequilibris Coll. — aequilibris, e — im Gleichgewicht, wagerecht; vgl. Äquilibrium, Gleichgewicht.

Aequivalent UAE., BE. 23. — aequivalens, gen. -lentis, part. praes. v. aequivalere — Äquivalent, gleich an Wert, Geltung; Entschädigung, Vergütung.

Aeqvitas Coll. (6). — aequitas, gen. -tatis — Äquität, Billigkeit, Gleichheit vor dem Gesetz.

aeqvum (Coll. (2). — aequus, a, um — äquus, eben, grade, gleich, billig. — vgl. äquäl < aequalis, e < aequus.

aerario KL. II, 61. — aerarius, a, um — Ärarium, Ärar, Schatzkammer, Staatskasse.

Aestima JdE. 610. — estime — Ästim, Achtung. fz.

Aestimation Simpl. 595, 691, 840, JdE. 468, UAE. — aestimatio,

gen. -onis — Aestimation = Ästimatien, Abschätzung, Wertbestimmung.
aestimiren Simpl. 145, 351, HW., Coll. (2), Dr. ä. E. 33. — aestimare — aestimiren = ästimieren, etwas nach dem Wert abschätzen, achten, beachten.
aeternum BE. 353. — aeternus, a, um — ewig; vgl. Äternität, äternieren.
Affairen UAE., BE. 233, Stud. 455, OPf., VI,54; 88,225. fz.
affectation OPf. 44 (affecterie 444) — affectation — Ziererei, Schaustellung. fz.
*Affecten Simpl. 360, P. & L. 110, Büch. 36, Dr. ä. E. 184, 224, HW., ThB., JdE. 68, As. B. 58.
Affection Simpl. 704, 795; Affexion Ew. G. 218, P. u. L. 244, Ges. 155, UAE, Dr. ä. E. 55, 97, 98, JdE. 656, Affektion As. B. 40, Affaiction Dkw. 136, Affectionibus Simpl. 246, KL. II, 14, III, 3, OPf. IV, 14,351 — affectio, gen. -onis — Affection = Affektion, Zuneigung, Wohlwollen, Gemütsbewegung, Liebe.
affectioniren TM. 387, UAE., BE. 54, OPf. VI, 1,5; 88,2. — affectionner — kommt jetzt nur noch als Adj. in der Form des Part. vor; daher affektioniert, Affektion habend, wohlwollend zugetan, gewogen. fz.
affectire Simpl. 767, Dr. ä. E. 188, UAE., affektirte BE. 347, OPf. VI, 44. fz.
afficirt Dr. ä. E. 167, UAE. — afficēre — afficiren = afficieren, Eindruck machen, in eine gewisse Stimmung versetzen; vgl. Affekt, heftige, aber bald vorübergehende Gemütsbewegung.
affigiret OZ. — affigēre — affigiren = affigieren, anheften, anschlagen; vgl. affichieren < fz. afficher, öffentlich ankleben, anschlagen.
affirmativa Coll.
afflicti Coll. — afflictus, a, um — unglücklich, niedergeschlagen, verachtet; vgl. afflictiv, kränkend, betrübend.
affront Cour. 86, Dr. ä. E. 21, 210, UAE., BE. 25. — affront — Affront, Beschimpfung, grobe Beleidigung. fz.
Agenten BE. 90, 91, 97, 104, 105, 108 (+ 5). fz.
aggravation Coll. — aggravatio, gen. -onis — Aggravation. Erschwerung, Überhäufung, Vermehrung, Steigerung.
agiren Simpl. 692, 715, Cour. 1, 139, Büch. 27, 54, 56, Dr. ä. E. 32. 118, 182, UAE., BE. 29, 186, 195, 200, 221, 258 (+ 8). OPf. VI. 344. — agir — agiren (im 18. Jahrh.), handeln, verrichten; auch: einen aufziehen, verhöhnen. fz.
agnosticiret GW., BE. 29, 186, 195, 200, 221, 258 (+ 8) < agnosticism (Agnostik). Professor Huxley führte den Aus-

druck in England 1869 ein, nach „Agnōstō Theo" (= einem unbekannten Gott), welche Inschrift der Apostel Paul auf einem Altar in Athen sah. (Apostelgesch. 27,23.) Nach dieser Lehre weifs der Mensch nichts über geistige & zukünftige Existenz; vgl. agnosciren < agnoscĕre — anerkennen; Agnition < agnitio, gen. -onis, Anerkennung.

Agnus Dei Spring. 271, Vog. I, 307. — agnus dei — Lamm Gottes.

Agonisirung BE. 286. — agoniser — in agone sein, in den letzten Zügen liegen, mit dem Tode ringen.

Akademie BE. 286.

Akademisten LL.

akkomodiren BE. 286. — accommoder — akkommodiren = akkomodieren, accomodieren, anbequemen, anpassen. fz.

Akkord BE. 265. fz.

Aktion BE. 66, 74, 308, 314, 330. fz.

Alacrität UAE. — alacritas, gen. -tatis — Munterkeit.

à la française Dr. ä. E. 106. — à la française — nach französischer Mode. fz.

a lä mode OPf. VI, 38, allamode 358. fz.

alarmiret UAE. fz.

Alchimist Cour. 99, TM. 366, Alchymisten Ges. 17. arab.

alert Vog. I 369. — alerte — munter, lebhaft, behutsam, wachsam. fz.

Alienation KL. II, 118. — alienatio, gen. -onis — Entfremdung, Verkauf, Veräufserung, Geisteszerrüttung.

alienieren Vog. II, 7, HW., KL. II, 118, IV, 52. — alienare — alinieren, entfremden, abwenden.

aliquibus KL. III, 348 — dat. plur. v. aliquis, a, id — irgend jemand, Plur. irgend welche, einige, manche.

*Allarm Simpl. 320, 423, Alarm Spring. 172. UAE. fz.

allegorie Dr. ä. E. 58. gr.

Alliantz Simpl. 84, Allianz JdE. 338, Alliancen UAE. fz.

Allijierten JdE. 293, Alliirte UAE. fz.

alteration WVSS. 145, 153 — nlt alteratio, gen. -onis — Alteration, Veränderung, Gemütsbewegung, Schreck, Ärger.

alteriret UAE. fz.

Alternativam UAE. — alternative — Alternative, eigentl. Umwechslung, Wahl zwischen zwei Dingen; vgl. Alternativo, wechselweise MT., alternatio < alternativo (alternatif), abwechselweise. fz.

altiorii (indaginis) KF. I, 493. — altior, Komparativ v. altus — höher, heller, tiefer.

Amant JdE. 105. OPf. VI, 417. — amant — Liebhaber. fz.

Amazones Cour. 43.

ambaras OPf. VI, 315 — embarras — Hindernis, Verwirrung, Verlegenheit. fz.
ambarassirt OPf. 40 — embarasser — versperren, hindern, verwirren, verlegen werden. fz.
Ambassade BE. 69, 85, 214, 238 (+ 32) — ambassade — Gesandtschaft. fz.
Ambassadeur Dr. ä. E. 146, UAE. — ambassadeur — Gesandter; vgl. Ambassador Cour. 26, ambassadricen OPf. VI, 352.
ambiguo ThB. — ambiguo — ungewifs, unentschieden, zweideutig — vgl. Ambīgū Gemisch aus Verschiedenartigem — fz. ambigu lt ambīgue, zweideutig, doppelsinnig.
Ambition GW., HW., BE. 343 — ambition — Streben nach Ehre, Ehrenstellen, Ehrgefühl, Ehrgeiz; vgl. ambition OPf. VI, 346, 371. fz.
ambrassire OPf. VI, 24 — embrasser — umarmen, küssen, umfassen, annehmen. fz.
Ameublement BE. 167. — ameublement — Gesamtheit der zu einer Einrichtung gehörenden Möbel. fz.
amitié OPf. 88,44 — amitié — Freundschaft, Zuneigung, Gefälligkeit. fz.
Amnestie SpH., KL. II, 114 = Amnestiam für amnestiam — amnesta — Amnestie, d. h. Vergessen & Vergeben des erlittenen Unrechts.
Amor Simpl. 439.
Amoritet P. u. L. 96 < amor, gen. -oris, Liebe.
amotion KL. IV, 135. — amotio, gen. -onis — Amotion, Amovierung, Entfernung, Absetzung (vom Amt).
amoviert GW., KL. 30 — amovēre — amovieren, entfernen, absetzen.
amphitheatri ThB. gr.
amplectiren BE. 48 — amplecti — amplectiren = amplectieren, amplektieren, umfassen, umarmen, umschlingen.
amplificationen SpH. — amplificatio, gen. -onis — Amplifikation, Erweiterung, weitere Ausführung.
amportements OPf. VI, 414 — emportement — Zornesausbruch, Jähzorn. fz.
Amuletis GM. 295 — amalat, Schutz — Amulet, angehangener Schutz gegen Zauberei oder gefürchtetes Übel. arab.
amusirt OPf. VI, 33. fz.
analogiae ThB. gr.
analysiren FK. gr.
anatomirt Simpl. 472, 890, Dr. ä. E. 148, JdE. 2, 163, 559.
Anglicana WVSS. 57
vgl. Anglikane, anglikanisch, Mitglied der in England herrschenden Hochkirche, engländisch.

Anima Simpl. 472, 890, WVSS. 172, ThB. — anima — Seele; vgl. a. mundi Weltseele, a. rheï Rhabarbergeist. — animus. Nbf. zu anima.
Animalien Simpl. 895, -lia GM. 295. — animalia, plur. v. animal — Stoffe, namentl. als Speise im Gegens. z. Vegetabilien.
animirter UAE., WVSS. 50, 289, 308.
Annales (minorem) JdE. 313. — annales, ellipt. für a. libri — Annalen, Jahrbücher, nach den Jahren geordnete Geschichtsbücher, Geschlecht- & Geburtsregister (minor, kleiner, jünger) vgl. Annalibus Schott.
Annexa UAE.
Anno Simpl. 1011, UAE., Coll. (4), ZRB. 18, 19, 21, 22, 23 etc.
Annotatio Simpl. 260, 283, -tionibus Vog. I, 391, Dkw. 23.
annotirete UAE., BE.
ἀνώνυμι ZRB. 170. — ἀνώνυμος, ον — anonym, ungenannt, unbekannt. gr.
Antecamera UAE. — ante camera — Antichambre, -chamber, Vorzimmer, Vorgemach eines grofsen Herrn, welches zum Audienzzimmer führt.
antecedentia ThB. — antecedentia, plur. v. antecedens — Antecedentien, Vorausgegangenes, vorhergehende Dinge.
Antecessorum Büch. 54, Dr. ä. E. 95, UAE., WVSS. 90 — antecessum, supin. v. antecedere — Antecessor, Vorgänger, Amtsvorgänger. — vgl. Sperander: „Auf Universitäten schreiben sich die vornehmsten Professores Juris also, weil sie der studirenden Jugend in Lehrung der Rechten den Weg weisen & vorgehen." A la Mode-Sprach der Teutschen 1728.
anthologicum FK. — ἀνϑολογικά lt. anthologica — Anthologie, Blumenlese, Sammlung ausgezeichneter Sentenzen, kleiner Gedichte verschiedener Verfasser & dgl., vgl. Anthologie, eine Auswahl von Tonstücken MT. gr.
anticipationen P. u. L. 55, KL. II, 114. — anticipatio, gen. -onis — Anticipation, Vorwegnahme, Vorausnahme.
anticipirten P. u. L. 55, KL. II, 114. — anticipare — anticipiren = anticipieren, vorwegnehmen, voraustun.
Antidota Simpl. 696, ThB., plur. v. Antidotum — ἀντίδοτον — Antidotum. = Antidot, Antidoton, Gegengabe, Gegengift. gr.
Antimonium P. u. L. 7. — mlt. antimonium — Antimon n. m., ein zur Legierung mit Zinn & Blei vielgebrauchtes, silberweifses, starkglänzendes Metall, Spiefsglanz, -glas.
Antipathia Simpl. 99. gr.
Antipodibus Simpl. 744, 755, 764 (Gegenfüfsler Zesen).

antiquirt Coll. — antiquare — antiquiren, antiquieren, veralten; vgl. antique, alt.
antiquisch Simpl. 458. — antiquus, a, um — antique, alt, altertümlich; vgl. antiquarisch, zum Antiquar gehörig.
Antiquitäten Simpl. 129, 928, P. u. L. 10, Z. RB. 22, 144.
antiquitätische Spring. 154. < Antiquität — antiquitas, gen. -atis — alt, altertümlich.
antiquités WVSS. 79. — antiquités — Altertümer. fz.
antiquitus HW. — antiquitus — von alten Zeiten her, vor alters, ehemals.
Anti-Syncretisticum FK. (?) gr.
antithetica SpH. < antitheton — ἀντίθετον, Antithesis, Gegensatz — Antithetik, Entgegenstellung. gr.
à part RPl. 291, à parte RSt. 349, OPf. VI, 53. fz.
apartement OPf. VI, 348. fz.
Apelle Simpl. 232 — appelle — Appell, Ruf, Aufruf, Aufforderung. fz.
aperter ThB. — aperte, Adv. — offen, unverhohlen; vgl. apert < apertus, a, um, geöffnet, offen, unverhohlen.
Apertur UAE. — apertura — Apertur, Öffnung, Eröffnung, Lebenserledigung.
Apocryphos Ges. 374. gr.
apoggio UAE. — appoggio — Unterstützung, Stütze, Schutz. it.
Apologie UAE. gr.
Apophtegmata RPl. 333, Plur. v. Apophthegma — ἀποφ-θεγμα — Sinnspruch, Denkspruch, Sprichwort. gr.
ἀπορίαν ThB. — ἀπορια — Aporie, Vorlegenheit, Hilflosigkeit, Zweifel. gr.
Apostasie SpH. = Apostase — ἀποστασις — Trennung, Abtrünnigkeit, insbesondere betreffend des religiösen Glaubens. gr.
Apostata JdE. 253 — ἀποστατης — Einer, der abfällt, untreu wird, Abtrünniger, Glaubensverleugner. gr.
Apothek JdE. 660.
Apparence BE. 49, 56, Aparenz KL. III, 19 — apparence — Schein, Anschein, Ansehen; vgl. aparentz OPf. VI, 444. fz.
Appartemendt KL. II, 36. fz.
appassionirten GW.; vgl. appassionato leidenschaftlich MT.
Appellation BE. 25, 27, 28, 40 (+ 2), KF. I, 493.
appellirt Dr. ä. E. 154.
Appendice JdE. 252 < appendēre anhängen — Appendix, Zuwachs, Zugabe, Anhang.
appertinentiis UAE., Plur. v. appertinentia < appertinēre, wozu gehören — Appertinentien, Zubehörden, Zubehör.
*Appetit Simpl. 214, 657 etc. Dr. ä. E. 31, 178, HW., Dkw. 34. fz.
applaudirt BE. 256. fz.

application Dr. ä. E. 18, 58, 202, JdE. 238, BE. 373 — applicatio, gen. -onis — Zuneigung, Anwendung, Eifer.
appostatiert KL. III, 59 (den Glauben) < Apostat < ἀποστάτης — abtrünnig werden; vgl. apostasieren < fz. apostasier, abfallen, abtrünnig werden. gr.
apprehendirete UAE., aprehendicr KL. IV, 23 — apprehendëre — apprehendiren = apprehendieren, anfassen, ergreifen, sich aneignen.
approbation KL. II, 17. — approbatio, gen. -onis — Zustimmung, Bestätigung.
approbieren GW., P. u. L. 258, Büch. 40, KL. III, 6 — approbare — billigen, genehmigen.
Approchen Simpl. 603. — approche — Approsche, Annäherung, Herannahung. fz.
approchiren Simpl. 249. — approcher — approschieren, näher rücken, sich nähern. fz.
apropo OPf. VI, 3, 417; 88,10.
Aqua Simpl. 570, 735. — aqua — Wasser; vgl. Aquafort (< aqua fortis), starkes Wasser, Scheidewasser.
Äquiparationes GW. — aequiparatio, gen. -onis — Äquiparation, Gleichstellung, Vergleichung.
arbitrium GW. — arbitrium — Arbitrium, Schiedrichterspruch, Machtspruch, Willkür, freie Wahl.
arcanis Dr. ä. E. 102. — arcanus, a, um (< arca), verschlossen, verschwiegen, geheim — Arcanum, Geheimnis, Geheimmittel.
archibusieren JdE. 65, WVSS. 118. it.
*Archivum Dr. ä. E. 116, BE. 19.
Arctiores Coll. — arctior, Komp. v. arctus, a. um — enger, gedrängter, knapper; vgl. a. citatio, schärfere, geschärfte Vorladung.
argumentabilia LL. — argumentabilis, e — beweisbar, bestreitbar; vgl. e. argumentable, bestreit-, beweisbar.
argumentieren JdE. 199, Coll.
Arguments GW., ThB. fz.
Arie AsB. 48, 64; vgl. Aria Gesangstück für eine Stimme MT. it.
ariere garde OPf. VI, 8. fz.
Arithmeticae Simpl. 780.
arma WVSS. 208, 251, 269; armorum GW. — Plur. arma — Waffen; vgl. ad arma, zu den Waffen, zur Sache.
Armada Simpl. 334, UAE. sp.
armata UAE., armatu manu KL. II, 16, III, 132. — armatus, a, um — ausgestattet, ausgerüstet, bewaffnet.
Armatur Spring. 234, UAE.

Arme Simpl. 377, Armee 467, 590, 940, 1022 etc., Dr. ä. E. 25, 40, 41, JdE. 567, As. B. 39, 182, 289, 338 etc., BE. 3, 65, 78, 81, 187, 188 (+ 133), UAE., OPf. VI, 9. fz.
armiren Vog. I, 87, Spring. 272, UAE. fz.
Armistitium UAE. — nlt. armistitium, fz. armistice — Armistice, Waffenstillstand, Waffenruhe; Armisticum Spring. 246, 251. lt./fz.
Aromatis Vog. II, 110, D. & A. 122 — αρωμα — Aroma, Gewürz, wohlriechende Kräuter, Wohlgeruch. gr.
arquebusier HW.
*Arrest Simpl. 125, 135, 631, Dr. ä. E. 23, 23, JdE. 449, As. B. 44, UAE., Arrestes KL. II, 327. fz.
Arrestanten BE. 25. fz.
arrestiren Simpl. 265, 1008, JdE. 35, HW. fz.
arretiren BE. 25 — arrêter — verhaften, festnehmen, gerichtlich einziehen. fz.
Arriere-garde BE. 58. fz.
arrivirten Simpl. 1022, UAE. — arriver — anlanden, ankommen, ereignen, zustofsen. fz.
ars LL. — ars, gen. -artis — Kunst, Handwerk, Wissenschaft.
Arsenicum Simpl. 570.
Articul Simpl. 429, 490. — articulus — Artikel, Glied, Stück einer Rede, daher Geschlechtswort, auch Friedensverhandlungen, Verträge, Ehestiftungen etc., vgl. Artickels-Briefe oder Innungsbriefe. (= Geschlechtswort Schott).
Artifex Gauck. 314, 315 — ars, gen. artis + facěre — Künstler; vgl. Artefact < arte, ablat. sing. + factum, part. perf. neutr. v. facěre.
artificialibus SpH. — artificialis, e — artificiel, künstlich, meisterlich, kunstreich; vgl. artificium. Meisterstück, Kunststück, zuweilen auch Kunstgriff, List, Betrug Schott.
Artollerey Simpl. 292, 432, 795, Artillerie WVSS. 220, Artalerey WVSS. 313, Artollerei GW., HW. fz.
asa dulcis RPl. 292. = asa dulcis oder assa dulcis — wohlriechender Asant, Benzoe-Baum & Benzoe-Harz.
Ascalonita Simpl. 840.
ascort WVSS. 331. = escort. — scorta — Escorte, Gefolge; Eskorte, Schutzgeleite, Bedeckungsmannschaft. it.
Aspecten EwC. 206 < Aspect — aspectus, a, um — Aspekt, Aus-, An-, Hinsehen, Anblick; Aspekten, Aussichten, Vorzeichen.
assa foetida Dr. ä. E. = assa foetida, übelriechender Asant, eine Art Ferula & deren Harz. it.
assassiniren OPf. VI, 39 — assassiner — ermorden; langweilen. fz.

Assecuration UAE., Coll., KL. II, 21, 60, III, 17. — mlt. assecuratio, gen. -onis — Assekurierung, Assekuranz, Versicherung, Versicherungsanstalt.
assecuriert EwC. 206, KL. II. 42. — assecurare — assekurieren, versichern, gegen Gefahren verbürgen.
Assemblée UAE., KF. I, 285, OPf. VI, 8, 33, 377, — assemblée — Versammlung. fz.
Assessores. Büch. 32, Coll., -ibus KF. I, 488.
assenerance HW. — asseverenza — Asseveration, Beteuerung, Versicherung. it.
Assignation HW. — assignatio, gen. -onis — Anweisung; vgl. Assignat, Assignate.
assiginirt Simpl. 404, HW., KF. I, 285. — assignare — assignieren, anweisen.
Assistents WVSS. 197, 249, 250, 251. fz.
Assistenz UAE., BE. 374.
assistirende Simpl. 868, UAE., BE. 63.
assistirung UAE. < assistiren — assistère — Das Wort existiert nicht mehr.
Assistenz Vog. II, 86, 169, JdE. 564. — nlt. assistentia — Assistenz, Assistance, Beistand, Beiwohnung.
association Coll. — association — Association, Assoziation, Verbindung, Genossenschaft. fz.
ästimiren UAE.
Astrologi D. & A. 68, Ges. 17, JdE. 310, 368.
Astrologiam EwC. 205, 206, KJ. 658, 665, 707.
Astronomia EwC. 206.
Astronomorum Simpl. 1014, KJ. 637.
Asylo Coll.; vgl. asylum, Freyung Schott.
atheismus ThB. gr.
attachement UAE. — attachement — Attachement, Anhänglichkeit. fz.
Attaque JdE. 294, Attacque UAE. fz.
attaquirten Simpl. 358, 469, JdE. 43, HW. fz.
attaschire BE. 68. 116. — attacher — attachieren, anhängen, anziehen, fesseln; vgl. attachiren OPf. VI, 24. fz.
attendiren UAE., attentieren GW., attentiert KL. IV, 14. — attendre — attendiren, -ieren, Acht geben, aufmerken. fz.
attent TR, — attentus, a, um — attent, aufmerksam, achtsam.
attestaten Büch. 43.
Attestation Büch. 49, WVSS. 243. fz.
attestiren WVSS. 263. fz.
attribuiren WVSS. 256, 256.
Auction Dkw. 191.
auctoritatibus Coll. (3) — auctoritas, gen. -tatis — Auctori-

2*

tät, Autorität; im 18. Jh.: Auctoritaet, Autorité, Authorité;
Ansehn, Macht, Gewalt.
audiendum KL. III, 144. — audire — hören, Gehör geben.
*Audienz Simpl. 221, 282, 708, -tz 56, 885, RSt. 350, Vog. I, 368,
P. u. L. 242, -z Dr. ä. E. 78, JdE. 467, 634, UAE., BE. 1,
3, 4, 10, 11, 13 (+ 114), KF. 1, 488. fz.
Auditor Simpl. 321, 323, 325, Büch. 17, FK.
auditorii ThB., FK.
auenuten HW. — part. perf. v. advenire — Avenue, Zugang,
eine Allee als Zugang, Vorplatz, Anfahrt zu einem Gebäude.
auguriren BE. 250. — augurare, -rari — augurieren, das
Amt eines Auguren verrichten, weissagen, aus Anzeichen
schliefsen.
Aulicopolitici Coll. — aulicus + ult. politicus — aulicus,
a, um: zum Fürstenhof gehörig, fürstlich; Aulicus, Höfling,
Hofmann; vgl. aulisch.
Auripigmentum Simpl. 127. — auripigmentum < aurum,
Gold + pigmentum, Pigment. — Auripigment, eine goldfarbige
Verbindung von Schwefel & Arsen.
authentica HPh. 16. — αυϑεντικα, $τ_{l}$, ον — authentisch, echt;
vgl. Authenticum, Urschrift. gr.
authorisiren BE. 365. fz.
*Authoritet Ges. 188, Autorität 324, Authorität 324, Büch. 38,
Autorität BE. 19, 64, 219, 226, 315, 369 (+ 2); authoritatibus
Coll.
authoritative Coll. — authoritative — autoritatio, mit Autorität,
bevollmächtigt, gebieterisch; vgl. it. autoritativo. e.
Autor Simpl. 980, -orum 1014, 1015, Autori Cour. 1, 141, Authors
Simpl. 214, Authoribus EwC. 229, Author Spring. 149,
174 etc. Authorem Gauck. 311, 313, 322, Authores Vog. II,
82 etc. Autore P. u. L. 4, Author Ges. 373, Autor Büch.
28, 83, 86, 188, Author Büch. 3, Authore JdE. 669, ZRB. 157.
avance BE. 261 — avance — Vorsprung, Vorteil, Entgegenkommen. fz.
avancirt Simpl. 797, UAE., auanziron HW. fz.
Avant WVSS. 157 — avant — voran. fz.
Avanture OPf. VI, 441. fz.
Avaro Simpl. 849, 851, 853, 854 etc. — avarus, a, um —
gierig, habgierig, geizig.
Aversionen JdE. 158. — aversio, gen. -onis — Aversion,
Abneigung, Widerwille.
avertimenti HW. (?) s. avertirt.
avertirt WVSS. 281. — avertir — avertieren, Jemandes
Aufmerksamkeit auf etwas richten, benachrichtigen,
warnen. fz.

Avisa JdE. 63, 398, GW., Coll., Dkw. 91, auisa KL. III, 45
— avis < aviser — Avis, Aviso, Anzeige, Bericht,
Meldung. fz.
avisation WVSS. 156, 157. — nlt. avisatio, gen. -onis —
Avisation, Benachrichtung.
avisirten TM. 414, UAE.
axioma WVSS. 254, 256, 266 — $\alpha\xi\iota\omega\mu\alpha$ — Axiom, Grundsatz gr.

Bacalaureus JdE. 366, -ei 674, -ius Dr. ä. E. 97, 147.
baculo StM. 330 — baculum, spätere Form, baculus — Stab,
Stock.
Badinerie OPf. VI, 205 — badinerie — Spielerei, Tändelei fz.
Bagage Simpl. 292, 314, 343, 399, 686 etc. Pagage Cour. 29,
41, Spring. 226, 241, D. u. A. 122, Bagagien HW., Dkw. 25. fz.
Balance UAE. fz.
Balcon Dkw. 243, OPf. VI, 416. fz.
Ballet Simpl. 543, 857; RPl. 340, P. u. L. 190, Balletten Dr. ä.
E. 38, 96; vgl. Ballet, mimischer Tanz. it.
Bandelier Simpl. 376, = Rohr Cour. 35. fz.
Bankette UAE. it.
*Banquerot Cour. 49, Banquerout OPf. 342. it.
*banquerotirten Vog. II, 167. it.
barbarismi TM. 368. — barbarismus — barbarus, $\beta\alpha\varrho\beta\alpha\varrho o\varsigma$
— Barbarismus, Fehler gegen die Sprachrichtigkeit, Sprach-
verderbnis, Handlungsweise eines Barbaren.
*Baron EwC. 233. fz.
Barriere BE. 310. fz.
Barucque Simpl. 562, Baruecke 857, Baruecke Vog. I, 291, 292,
296, 396 etc. Vog. II, 110, Baruque RPl. 339, Barruequen
TM. 404. fz.
bastant Ges. 102, HW. — bastante — bastant, tüchtig, ge-
schickt; vgl. Bastanz < bastanza, Tauglichkeit, Tüchtig-
keit. it.
Bastart Ges. 182, Bastert OPf. VI, 483, Bastard 312 it.
Bastetten (für Pasteten) OPf. VI, 414 — pastetto — kleine
Mahlzeit. it.
Batage Vog. I, 353. — batage — Zoll von Lasttieren. fz.
Bataille P. u. L. 4, Battaille Dr. ä. E. 78. — bataille —
Schlacht. fz.
Battalien WVSS. 156, bataglia HW., Battaglia Simpl. 599, 798,
Battalia Cour. 41, Spring. 162, 230; vgl. Battalienweis
Vog. I, 433. — bataglia — Schlacht, Treffen, Gefecht it.
Battades Simpl. 978 (?) — s. Bonanas Battades. amer.
Bellicosa Simpl. 34. — bellicosus, a, um — bellikos, bellikös,
kriegerisch, streitbar; vgl. bellicosamente, kriegersich MT.

bellum BE. 115, 261, 323. — bellum — Krieg; vgl. b. omnium contra omnes, Krieg aller gegen alle.
bene Ges. 51. — bene — angenehm, schön, gut.
Beneficium Coll. (6). — beneficium — Beneficium, Benefiz, Wohltat, Begünstigung, kirchliche Pfründe, Bühnenvorstellung, der Ertrag, welcher einem Bühnenmitgliede oder auch einem wohltätigen Zwecke zugehört.
benigna ThB. — benignus, a, um — gütig, liebevoll, gefällig.
*Bestia D. u. A. 36, KJ. 655, Dr. ä. E. 13, JdE. 62, 100. As. B. 155, 204, GW., Coll.
*bestialische As. B. 192.
*Bestialität Vog. I, 419.
biblia FK. gr.
Biblicos FK., SpH. gr.
*Bibliothec Dr. ä. E. 29, 29, 39, JdE. 83. 227, 281, 660. gr.
Bibliothecario Dr. ä. E. 28.
Bicque Simpl. 327. fr.
Bill BE. 20. — bill — Bill, Gesetzvorschlag, -entwurf, -vorlage, das angenommene Gesetz; vgl. altd. bill, Recht, Gesetz, welches noch in Unbill, billig vorhanden ist. e.
*Bisquid Vog. II, 45. fz.
blasme OPf. VI, 340. — blasme — Tadel, Vorwurf. afz.
blasmiren OPf. VI, 344. — blasmer — blamieren; tadeln, rügen. afz.
blamiren TR. fz.
blessiret UAE. OPf. VI, 74. — blesser — blessieren, verwunden; vgl. Blessur < fz. blessure. fz.
Blocquada Simpl. 787. fz.
blokiren BE. 142, 144, bloquirt Vog. II, 167, ploquirt Spring. 236, GW., HW. fz.
Bloquierung GW. fz.
Blumaschen (-plumages) RPl. 331 = plumage, Gefieder. fz.
Bocal P. u. L. 221. it.
Bona dies JdE. 339, 431. — bona dies — Guter Tag.
Bonanas Battades Simpl. 952, Batrades Simpl. DGK. — vgl. Bonana, eine Feigenart; Batato (aus der Sprache von Haiti), süfse Kartoffel; Wurzelknollen von der Batatenwinde, Knollenwinde, einer einjährigen Pflanze im Ost- & Westindien. amer.
bonne UAE. — bon, bonne — gut. fz.
bonorum Coll. (6), Dkw. 22. — bonus, a, um — gut.
Bord BE. 72. fz.
*Bordell Simpl. 559. fz.
*Bossen Simpl. 635. fz.
bossirt Vog. II, 92. — bossieren, bilden, Figuren aus Wachs,

Gips etc. bilden; vgl. bossage, Vorsprung, Bosse, Buckel, Beule, erhabene Arbeit in Gips; bosselage, das Ausbauchen; bosselieren, getriebene Arbeit machen; bosselure Höcker, getriebene Arbeit; Bossierer, Bildner in Wachs, Gips etc. fz.
Bottagien (-potages) Simpl. 857. — potage — Fleischsuppe, Kraftbrühe. fz.
bras OPf. VI, 45 — bras — Arm; vgl. chaise à bras OPf. VI, 45, Armstuhl fz.
Bravade Dr. ä. E. 102, 203. fz.
brave Simpl. 235. 412, 436 etc., prave 248, Dr. ä. E. 40, 142, 205. fz.
braviren Coll. fz.
Brevet OPf. VI, 417,54 brevet — königl. Gnadenbrief, Diplom, Patent. fz.
(in) brevi Sch. 296. — brevis, e — kurz; die Zweitaktnote; vgl. brevi manu, kurzweg, ohne weiteres; brevis, brève, kurz, d. h. kurze Note MT.
brevitatem KL. III, 348. — brevitas, gen. -tatis — Brevität, Kürze; vgl. brevitatis causa, der Kürze halber.
Brevir JdE. 409, 409. — breviarium — Brevier, Betformelbuch der katholischen Geistlichen.
Brigade Simpl. 326, 598, 637.
brodiret Dkw. 203. fz.
Brouillerie UAE. — brouillerie — Zwist, Mifshelligkeit; vgl. brouillieren, verwirren; brouilliert entzweit. fz.
brouillirt OPf. VI, 377. — brouiller — vermengen, verwirren, entzweien. fz.
bruit Dkw. 140. — bruit — Geräusch, Gerücht. fz.
Brunette Ges. 206. fz.
Buckelorium St. M. 330. — < mlt. bucula, buccula: Buckel, die aus Eisenbeschlag bestehende halbrunde Erhöhung in der Mitte des Schildes, Schildbuckel; mhd. buckel; vgl. nhd. Buckel, Höcker, vulg. Rücken, < ahd. puhil, buhil, mhd. buhel, bühel, Hügel, gehört zu ahd. piokan, biogan, piegen, biegen; daher etwa: Biegung. Übertragung auf den ganzen Rücken ist Volksetymologie.
Bullam Coll. (2). — bulla — Bulle (z. B. Bannbulle, goldene Bulle), bez. ursprünglich die Siegelkapsel, durch welche das an Urkunden hängende Siegel geschützt wurde, dann die Urkunde selbst. — Wasserblase, Knopf, Kapsel.

*Cabalam Simpl. 780. KJ. 719, OPf. VI, 340. — Cabala, Cabbala — Kabbala, Geheimlehre der Juden. hebr.
Cabinet Simpl. 785; Dr. ä. E. 139, AsB. 46, UAE., BE. 249,

OPf. 339, 88,60, 105; vgl. Cabinet-Piano, ein aufrechtstehendes Piano MT. (= Beizimmer, Zesen). fz.
cadavere GM. 265. — cadaver, cris — Kadaver, ein toter Körper, Leichnam, Aas.
caduc Dr. ä. E. 63, Stud. 457. — caducus, a, um — kaduk, hinfällig, altersschwach, baufällig, verfallen, unbrauchbar.
Caduciteten KL. II, 337. — nlt. caducitas, -tatis, fz. caducité — Hinfälligkeit, Baufälligkeit. — Rechtsspr.: Verfallbarkeit, das Verfallensein, z. B. eines Vermächtnisses.
caelites Vog. I, 344 (?). — caelitus, a, um = coelitus, a, um — himmlisch, göttlich.
caissier OPf. VI, 407. — caissier — Kassierer, Kassenführer. fz.
Cajolerie BE. 46. — cajolerie — Schmeichelei, Liebkosung; vgl. Cajoleur, Schmeichler, Liebkoser; Cajoleuse, Schmeichlerin; kajolieren, liebkosen, schmeicheln. fz.
Cajütte Dkw. 22, 23. — cajute — Kajüte, Kajütte, Schiffskammer, -zimmer. fz./ndl.
calamitosi Coll. (5). — calamitosus, a, um — kalamitos, elend, trübselig; vgl. Kalamität, Not, Unglück, Drangsal.
calciniren Simpl. 546, 746. — nlt. calcinare — kalcinieren, verkalken, zu Kalk brennen; von Metallen auch: oxydieren, säuern, Sauerstoff mit den Metallen verbinden; vgl. Kalcination, Verkalken, Verkalkung.
Calculation UAE. fz.
Calenders Simpl. 246, 293, 563, 656 etc.
Calesch Cour. 32. fz.
Calitet (für Qualität) OPf. VI, 380.
Calotte Dkw. 101 — calotte — Kalotte, Kappe, Priester-, Narrenkäppchen, Springkapsel in Uhren; vgl. Kalottisten, plur., gleichsam Käppler, eine Gesellschaft in Frankreich zu Anfang des 18. Jh., welche sich durch sinnlose Lächerlichkeiten ergötzte. fz.
Calumnianten UAE. — calumnians, -antis, part. praes. v. calumniari — Kalumniant, Verläumder, Afterredner (Klopstock); vgl. kalumniös < calumniosus, a, um, ränkevoll, verleumderisch etc.
Calumnien UAE. calumnia < altlt. calvi, Ränke schmieden, täuschen, betrügen. — Kalumnie, ränkevolles Verfahren, um andere zu hintergehen, falsche Beschuldigung, Verleumdung, Lästerung.
calumniren UAE. — calumniari < calumnia — kalumniieren, fälschlich beschuldigen, anklagen, verleumden, verschmähen.
Camerad Simpl. 193, 197, 352 etc. Cammerathen 853 etc. Camerad

Gauck. 315, Cammeraten StM. 342, 345, Camerad P u. L. 110,
Cammeraten D. u. A. 115. fz.
Camisolle Dkw. 32. fz.
campaguarde OPf. VI, 493 — campagnarde — Frau vom
Lande; Einfalt vom Lande. fz.
Campagne Simpl. 586 (Compagnien DG., Compagni D), 593, 600,
606, 692 etc. BE. 49, 162, 179, 237, 283, Campagna GW..
ThB., OPf. 88,43,71. fz./it.
Campesche (-Holz) BE. 219. — Campeche, Stadt in Mexiko
— Campecheholz, Kampescheholz, Blutholz, Blauholz; vgl.
Campechebaum, Kampeschebaum, Blutholzbaum. mex.
Campierung HW. fz.
campirten Simpl. 422, 599 (= Zu Felde liegen, Harsd.). fz.
Campis Elysiis Ges. 74, Dr. ä. E. 204. — lt. campus +
ἠλύσιον — elyseïsche, elysische Felder, Land der Seligkeit, Himmel. lt./gr.
Canonicaten Coll. (3). — < Canon < canon, plur. canones
Regel, Richtschnur. — Kanonikat, Domherrn —, Stiftsstelle.
Canonicos Büch. 55, UAE.
canonicieret JdE. 683.
canonisirt Büch. 40, 41.
Canonisten Coll. (2).
Canonization JdE. 472.
canticirten Dkw. 78. — < canticum — canticiren, singen.
Das Wort kommt jetzt nicht mehr vor.
capabel Spring. 213, UAE. — capable — kapabel, fähig,
tüchtig. fz.
*capaunet Dr. ä. E. 30. — < Capaun, Kapaun — lt. capo,
καπων, verschnittener, gemästeter Hahn. — kapaunen. lt./gr.
capita BE. 111, 208, 373. — caput — Kopf; vgl. in capita,
nach Köpfen etc.
Capitain Simpl. 292, 301, 302 etc. Capitains 976 etc., Capitano
Vog. I, 306, Büch. 49, Ges. 333, GW., HW. fz./it.
Capital UAE., BE. 55.
Capitolium Simpl. 645.
Capitulares Büch. 55, GW.
Capitulation UAE., BE. fz.
capituliren UAE., BE. fz.
Caplan Simpl. 253.
Capo GW., HW.; vgl. Capo, Anfang MT. it.
*Capsulen TM. 344, AsB. 65.
Caput (bonæ speransæ) Simpl. 947, 977, 978, caput (factionis)
KL. III, 124.
Caracolle Cour. 41. — caracole — Caracolle, Wendeltreppe,
Schwenkung, Abschwenken. fz.

*Caractares Vog. II, 25, Characteres Cour. 136. gr.
Caravana Simpl. 356, KJ. 658, 795, 797, 798 etc. sp.
Carabinern Simpl. 417, 424. fz.
Cardinal Simpl. 255, UAE., JdE. 22, 185, 425, 576 etc.
carcre Coll. — carēre — cariren, Mangel leiden, fasten, hungern; vgl. karieren, carrieren < fz. carrer, mit Würfel-, Rautenzeichnung mustern.
caresirte EwC. 214, 232, caresiret RPl. 320, caressirt Vog. I, 350, Vog. II, 62, Dkw. 35, 739, UAE., OPf. VI, 28. fz.
caresse UAE., Dkw. 35 — caresse — Liebkosung, Schmeichelei fz.
Caret Dkw. 186, 243 — caret — Carette, Caretschildkröte, eine Art Schildkröten in Ost- & Westindien. fz.
cargirn HW. < cargo — carg Cargo, Kargo, Schiffsladung, Frachtzettel. — Das Zeitwort kommt nicht mehr vor. Welsch.
carico HW. — carico — Ladungsgewicht, nach welchem in Italien Pferde & Maulesel beladen werden, in Venedig ein Handelsgewicht von fast 2 Zentner. it.
Carmina D. u. A. 68, Büch. 51, JdE. 372. — carmen — Carmen, Ton, Gesang, Lied, Gedicht, besond. ein Gelegenheitsgedicht, im Lateinischen auch: Orakelspruch, Weissagung.
Cartel Simpl. 413. fz.
Carthaunen Simpl. 432. it.
Cascaden OPf. 377. fz
casibus GW., HW., ThB., KL. III, 143 — casus < casum, supin. v. cadēre — Casus, Kasus, Fallen, Fehltritt, moralischer Fall, Vor-, Zufall, Verhältnisfall, z. B. c. nominativus.
Cassa JdE. 325, 360, GW.
Cassation GW. — nlt. cassatio, gen. -onis — Kassation, Tilgung, Vernichtung (einer Hypothek, eines Scheines), Ungültigkeitserklärung, Amts-, Dienstentsetzung.
*cassiret Vog. I, 430, KL. II, 22. fz.
Cassirung BE. 262. fz.
Castell D. u. A. 125, 126, 133, 135.
casteyen JdE. 631.
castigiren Simpl. 625. — castigāre — castigieren, zurechtweisen, züchtigen, tadeln, schelten.
Castitas JdE. 601 — castitas, gen. -tatis — Castität, Sittenreinheit, Keuschheit, Züchtigkeit.
casuelles UAE. — casuel, elle — casuell, zufällig, gelegentlich, ungewifs; vgl. casual < lt. casualis, e mit derselben Bedeutung. fz.
Casum Simpl. 1041, Dr. ä. E. 34, 198, casu 119, BE. 179.
Catalogo Dr. ä. E. 125, Coll.; vgl. Catalogus verborum, Wortzeiger Schott.
Catechismo Simpl. 142, -um Vog. II, Dr. ä. E. 43.

Cathedra Coll. gr.
cathegoricam HW. — κατηγορι, ος, α, ον — kategorisch, unbedingt, entscheidend; vgl. kategorisieren, in eine Kategorie setzen oder stellen. gr.
cathegorische WVSS. 168. gr.
Catholicorum GW.
Causen Dr. ä. E. 44, causu BE. 286 — cause — Cause, gewöhnlich im plur.: Causen — causes — Kniffe, Ränke (bei Rechtsstreitigkeiten). fz.
causiren UAE., KL. II, 21, l.I, 24 — causer — causieren, plaudern, schwatzen. fz.
caute GW. — caute, adv. < cautus, a, um — vorsichtig, behutsam.
Caution UAE., BE. 310, 310.
Cavalcade Simpl. 335, 416, 436, Cavalcata Spring. 235, HW. fz.
*Cavallerey Simpl. 40, Cavallerie in A., UAE. fz.
Cavallier Simpl. 462, 507, 537, 553, 586 etc. Cavallieren Büch. 22, Cavallier Dr. ä. E. 15, 15, 20, 40, Cavalier JdE. 490, UAE., Cavaillier Dkw. 227, cavalier OPf. VI, 32, 376,28. fz.
cavillis Coll. — cavillosus, a, um — cavillös, spitzfindig, stichelnd.
cedirt Vog. I, 324, cedieren GW., cediret Coll., caedirten KL. II, 112, cediren III 11, OPf. VI, 45 — cedëre — cediereu, sich bewegen, von statten gehen, ablaufen, nachgeben, zugestehen, abtreten, überlassen.
Cedirung KL. IV, 103 < cediren — Cedirung — kommt nicht mehr vor.
celebrirte Simpl. 542, JdE. 327, 579, 625. fz.
celeritate WVSS. 240, 246, 265. — celeritas, gen. -tatis — Schnelle, Schnelligkeit, Geschwindigkeit.
celire Sch. 296. — celare — celieren, heimlich halten, bergen.
Censoribus Büch. 40, Censorum Büch. 41, Censores Dr. ä. E. 288.
Censuras Büch. 24.
cent Coll.
cento pro cento Dr. ä. E. 35, cento JdE. 384, UAE.
Centrum Simpl. 253, C. Terrae Simpl. 739, 742, 752, 753 etc. UAE (= Mittelpunkt Harsd.).
Cercle UAE — cercle — Kreis, Gesellschaftskreis, vordere Rund des Schauspielhauses. fz.
ceremoniale BE. 132. fz.
*Ceremonien Simpl. 255, 278, 540, 554, KJ. 805, 805, Dr. ä. E. 26, JdE. 322, 342 etc. UAE., BE. 1, 15, 34, 65, 79, 81 (+ 6); OPf. VI, 45, 107.
Ceremoniell UAE., BE. 83, 200. fz.

certa HW., certam Coll. — certus, a, um — beschlossen, sicher, fest, wahr.
Certification GW. — nlt. certificatio, gen. -onis — Beglaubigung, Bescheinigung.
cessante Coll. — cessare — cessant, aufhörend, verzichtend.
Cession Coll. (3) — cessio, gen. -onis — Cession, Zession, Abtretung (eines Rechtes), Überlassung (einer Sache).
Cessionarius Coll. — nlt. cessionarius — Cessionar, Zessionar, Übernehmer einer abgetretenen Sache, neuer Gläubiger, Eigentümer.
cessiren UAE. — cessare — cessieren, zessieren, zögern, aufhören, wegfallen.
ceteris GW.
chagrin OPf. 491 — chagrin — Chagrin, Kummer, Verdrufs, Zorn. fz.
chagriniren OPf. VI, 205. — chagriner — verdriefslich machen, ärgern. fz.
chambre OPf. VI, 28. — chambre — Zimmer, Stube. fz.
changirt Sch. 294. — changer — changieren, wechseln, tauschen, verändern. fz.
chappeau de fuyart Ges. 143. — chapeau — Chapeau, Hut, Herr als Begleiter einer Dame. — fuyard — Fuyard, Flüchtling, Ausreifser. fz.
characteris ThB.
Chargen Simpl. 788, Dr. ä. E. 24, 26, 42, 148, UAE., BE. 72, OPf. VI, 54, 316. fz.
chargirten Simpl. 336. fz.
charité OPf. VI, 415 — charité — Charité, christliche Liebe, Liebeswerk, Krankenhaus. fz.
charitet OPf. 88,204, 284.
Charmes UAE. — charme — Charme, Zauber, Reiz, Anmut. fz.
charmützel OPf. VI, 9.
Charpe Dr. ä. E. fz.
Chevallier BE. 3, 4, 72, 72, 139, OPf. VI, 381, 444. — chevalier — Chevalier Ritter; Springer im Schachspiel. fz.
chicaniren UAE. fz.
Chimeris Cour. 141. — χίμαιρα, lt. chimaera — Chimäre, Schimäre, eigtl. Ziege, dann fabelhaftes Ungeheuer mit Ziegenleib, Löwenkopf & Drachenschwanz; daher auch: Hirngespinst, Hirnspuk, Trugbild, Grille. gr./lt.
Chiromantia Simpl. 282, 775, KJ. 665. gr.
Chiromanticus Simpl. 305 < χειρο-μαντις, Chiromant, Handwahrsager. gr.
Chorum Deorum — χορος + Deus — mit Gesang ver-

bunder Tanz, zu Ehren der Götter angestellter Tanz, mehrstimmiger Gesang, Volksgesang. gr./lt.
Chosen Dr. ä. E. 189. — chose — Chose; vgl. Chosen machen, Possen machen. fz.
Chrien Dr. ä. E. 87.
Christianissimum WVSS. 254, 266.
Chronologiâ Büch. 11.
Chrysam GM. 281. — χρισμα — Chrisam, Chrisma, Weiheöl, geweihtes Salböl, Salbölkrug. gr.
Chymici Simpl., vermittelst Latein aus arab. kimia < kàmai, geheim halten. — Chymicus, Chemicus, Chemiker, Chemist, Misch- & Scheidekünstler. arab.
Cilicii (= silices?) RPl. 339.
circa Stud. 507.
circulum KL. IV, 36.
circumstantien Coll. (5), Circumstantia KL. III, 75, IV, 20 — circumstantia < circumstans, -antis — part. praes v. circumstare — Umstehen, Umstand.
cirkuliren BE. 209.
citirt Simpl. 661, JdE. 115, 624, WVSS. 125, 227, Coll. (3), OPf. VI, 353. fz.
Citrinat Vog. II, 40. it.
*Citronen Simpl. 949, 951, 954, 978, -Wein 196, -Mark 1009, Büch. 11.
civile BE. 115. — civil, -ile — civil, zivil, bürgerlich, höflich, gesittet, fz.
Civilisten Coll. fz.
Civilité Dkw. 28. fz.
Clarissimi (Fures) JdE. 314, Superl. v. clarus, a, um — hell, klar, berühmt.
classem FK.
Clausul Simpl. 705, UAE., BE. 101, 275; vgl. Clausula, Schlufssatz MT.
clausulirt BE. 239.
Clavicordium Dkw. 205, 206, 226; vgl. Clavichord Klavier MT.
Clemenz WVSS. 143. — clementia — Clemens, Klemens, Huld, Gnade, Milde.
Clerc BE. 177. fz.
Cleric Vog. 1, 307, Clericum JdE. 13, 13.
Cleriscy Simpl. 87, UAE.
Clerus JdE. 248.
Cleum (= Oleum?) RPl. 133.
Clienten Simpl. 519, Dr. ä. E. 154, Coll. (2).
Coadiutoris HPh. 220. — coadjutore — Koadjutor, Amtsgehilfe. it.

coadjontterin OPf. VI, 60 für coadjutrice — Amtsgehilfin it.
coagulirn Simpl. 546. — coagulare — koagulieren, gerinnen,
gerinnen machen.
Coefuren OPf. VI, 492 für coiffure — Kopfbedeckung, -putz,
Frisur. fz.
Coefëusse OPf. VI, 492 für coiffeuse — Friseurin fz.
coelestia H. Ph. 328. — coelestis, e < coelum, caelum —
himmlisch.
Coelo JdE. 320. — coelum, caelum — Himmel; vgl. coelum,
Himmel Schott.
Cognition KL. II, 327, H. Ph. 310. — cognitio, gen. -onis —
Kognition, Kenntnis.
Colerico Simpl. 767 < cholera, $\chi o\lambda \varepsilon \varrho \alpha$ < $\chi o\lambda \eta$, Galle —
cholerisch, gallsüchtig, jähzornig, heifsblütig, aufbrausend;
vgl. Choleriker, Zornsüchtiger, Jähzorniger. lt./gr.
Coleur Cour. 134 = couleur — Couleur, Farbe, Trumpf,
Verbindung (v. Studenten). fz.
Collation Simpl. 547, Dr. ä. E. 68, JdE. 167, BE. 73. fz.
Collaturen UAE. nlt. collatura — Collatur, Recht zur Be-
setzung einer geistlichen Stelle.
collazten Vog. II, 99 = heutiges kollationierten — collazio-
nare — kollationieren, die Abschrift mit der Urschrift vgl.;
eine Erfrischung zu sich nehmen. it.
Collectanea EwC. 227, Dr. ä. E. 87.
Collectation BE., Coll. (3) für Collection — collectio, gen.
-onis — Sammlung, Sammeln von Geldbeiträgen, Kollektion.
collectirt Coll. fz.
Collegen Büch. 16, 17, 23, 25, 26, 29, Collegis 26, Dr. ä. E. 85,
86, 87, 88, ThB.
Collegialiter Dr. ä. E. 158, GW.
Collegialtag UAE.
Collegiat. Coll.
Collegiis (Theologicis) Büch. 24, Dr. ä. E. 155,155, 162, -ia 240,
JdE. 233, 234, 263, 298, Collegij JdE. 268, Collegio JdE.
268 etc. UAE., Stud. 452, c. practicum Stud. 458, ZRB.
130, OPf. VI, 41; vgl. collegium Sammlung Schott.
collegiret Stud. 507, colligiert HPh. 6.
Collekte BE. 55, 57, FK. fz.
Collet Dr. ä. E. 42. fz.
colloquia ThB. — collocutus, a, um = colloquutus, part.
perf. v. colloqui — Kolloquium = Collocution < collo-
cutio, gen. -onis — Kolloquium, Unterredung, Gespräch,
Prüfungsgespräch.
Colloquinten JdE. 471, 675 < colloquium < loqui, sprechen;
vgl. Colloqvium pro more Büch. 4.

Colorirung Ges. 324.
Combustion UAE. — combustio, gen. -onis — Combustion Verbrennen, Brandschaden.
Comedia P. u. L. 190, Comoedi P. u. L. 228, JdE. 179, Comoedia Büch. 31, Comedien Dr. ä. E. 38, Comödien Dr. ä. E. 38, 39, OPf. 88,492.
comestibilibus UAE. — alt. comestibilia, plur. v. comestibile — efsbare Dinge, Efswaaren.
Comifs (-Brot) Simpl. 286, 578, 599, Comiss Beer 303 etc.
Commifs (-Brod) KJ. 755, Comiss GW. fz.
Comitat P. u. L. 241, BE. 286.
comitiales UAE. — comitalis e — comitial, zu den Comitien gehörend, die Comitien betreffend; vgl. Comitia, Comitien, altrömische Volksversammlung.
Commando Simpl. 27, 239, 241, 686, 691 etc. P. u. L. 38, UAE. fz.
commandirte Simpl. 93, 109, 138, 335, 417, 436 etc. UAE., BE. 168. fz.
*Commandanten Simpl. 277, 336, 350, 380, 381, 414, 463 etc. UAE., Dkw. 23.
Commendanten HW. fz.
Commandeurs WVSS. 133. fz.
Commedianten Coll., Commediantin OPf. VI, 61, 10.
Commendarien Coll.
commendiren Simpl. 1011, ThB., WVSS. 157, 170, 180, 202. fz.
Commendo WVSS. 207. fz.
Comment ThB.
Commentarii Simpl. 894, ThB., FK., Büch. 10, Dr. ä. E. 148.
Commentarist JdE. 83.
commentatoribus FK. — commentator, gen. -oris — Kommentator, Ausleger, Erklärer.
commentirt GW.
Commercien UAE., BE. 241; vgl. Commerce OPf. VI, 11 (< fz. commerce).
Commination WVSS. 304 — comminatio, gen. -onis — Commination, Drohung, Bedrohung, Warnung.
Commissarium Simpl. 200, 200, 204, Commissarios Simpl. 100, 105, 105, 106 (-ii GK.). -io 531 (-ii GK.), UAE., BE. 72, 94, 200, 353, 371, 377 (+ 26), KF. I, 493.
Commissariat ZRB. 48.
Commission StM. 328, P. u. L. 258, Dr. ä. E. 219, JdE. 549, UAE., OPf. VI, 372.
Committenten UAE — committens, gen. -tentis, part. praes. v. committere — Kommittent, Auftragender eines Geschäfts, Auftragender, Auftraggebender.

committiret UAE. BE. 23, KF. I, 493.
Comödiant Simpl. 171, 211 (= Schauspieler Harsd.).
commode UAE. fz.
commodität Simpl. 868, UAE., Coll. — commodité, commoditas, gen. -tatis — Kommodität, Bepuemlichkeit fz./lt.
commovirt WVSS. 296, Coll. — commovēre — commovieren, erschüttern, heftig bewegen.
communi WVSS. 249, Coll. (6), KL. II, 61.
communicanten ThB.
communicirte Simpl. 321, 679, 798, 852, 899 etc. KJ. 702, 706, 806, UAE., Büch. 24, Dr. ä. E. 47, 132, JdE. 125, 308. — communicare — kommunizieren, mittcilcn, am Abendmahl teilnehmen.
communicctur HW. — communicare — es werde mitgeteilt.
Communion JdE. 406, 408, SpH.
Communitatis KL. II, 60 — communitas, gen. -tatis — Kommunität, Gemeinschaft, Gemeingut.
Commutation UAE. commutatio, gen. -onis — Commutation, Veränderung, Vertauschung.
*Comoedia Simpl. 256, 540, 541, 542, 857 etc. Comoedi Vog. I, 297, Büch. 31, JdE. 179, BE. 168, SpH. (= Lustspiel Schott).
comodiren OPf. VI, 344. — comodare — einrichten, bequem machen, behilflich sein. it.
compactatis KL. II, 111 — ult. compactus, a, um, kompakt, fest — Kompakt, Kompaktat, Übereinkunft, Vertrag.
Compagne BE. 68, 169 — compagne — Gefährtin, Gesellschafterin; vgl. ma compagne OPf. VI, 6. fz.
*Compagnien Simpl. 188, 288, 302, 353, 417 etc. Compagne 586. (Compagnien DG., Compagui D) 593, 600, 606, Compagnia 872, 1037. Compagniae 940, Compagui 692, 693 etc. Compaguae P. u. L. 228, OPf. VI, 34.
compelliren KL. III, 27. — compellare — compelliren, jemand laut, hart anreden, ausschelten, schmähen; vgl. compelliren < compellere — stofsen, antreiben, zwingen.
Compendia Ges. 64. — compendium — Kompendium, plur.: Kompendia oder Kompendien, Abkürzung, Ersparung, Grundrifs, Leitfaden, Handbuch.
compensatione Coll. — compensatio, gen. -onis — Kompensation, Ausgleichung, Gegenzahlung, Vergütung, Entschädigung.
compensiret Simpl. 1014.
Competens St. M. 315, Cómpetenzen JdE. 95, 95, 101, Competentien UAE, Competenz KL. IV, 55. — ult. competentia — Kompetenz, Befugnis, Mithewerbung.

competenti Coll. (7). — competens, gen. -tentis, part. praes. von competēre — kompetent, zuständig, statthaft, befugt, urteilsspruchfähig.

competieren GW., BE. 314. — competēre — kompetieren, sich mit andern bewerben, zusammen nach etwas streben, entsprechen, zustehen, gebühren.

Competitorum Ges. 15. — competitor, -toris — Competitor, Mitbewerber.

compiacirt H. Ph. 83. — compiacere — willfahren, erfüllen, sich halten an, sich gefallen lassen. it.

Complet D. u. A. 58, completis WVSS. 195. — complet, -plète — komplett, voll, vollzählig, vollständig, vollkommen. fz.

Completorium JdE. 533 — nlt. completorium — Completorium (mit ausgelassenem scriptum), Schrift, Ergänzungsschrift.

Complexion Simpl. 512, JdE. 2, 363. — complexio, gen. -onis — Umfassung, Zusammenfassung, Anordnung, daher auch Leibesbeschaffenheit, besonders Aussehen, Gesichtsfarbe.

complexos LL. — complexus — Complexus, Komplex, Umfang, Inbegriff; vgl. Häuserkomplex.

complices BE 62. — complice — Complice, Verbündeter, Teilnehmer, Mitschuldiger. fz.

complieren GW. — complaire, it. compiacere — willfahren, erfüllen, sich halten an, sich gefallen lassen. fz.

Complimenten Simpl. 439, 496, 707, 759, Complement JdE. 109, 180, 552, 982 etc., P. u. L. 16, 211, 223 etc., Ges. 8, 182, 184, Complemante Dr. ä. E. 17, 27, 59, 69, 70, 129, As. B. 53, 57, UAE., BE. 4, 6, 27, 68, 127, 372 (+ 15), OPf. VI, 41, 88,38, 25s. fz.

complimentiren Simpl. 401, Dr. ä. E. 65, Dkw. 24. fz.

complimentifch Ges. 367. fz.

Complimentir(jchreiben) Dr. ä. E. 55, (-buch) 67, 74.

componendum KL. III, 144. — componēre — komponieren, zusammensetzen, -legen, -bringen, vereinigen, besonders: in Musik setzen, Töne zusammensetzen.

comportiren UAE., OPf. VI, 347. fz.

Compromissarien KL. III, 44. — nlt. compromissarius — Compromissarius, erwählter Schiedsrichter, Obmann.

Comptor UAE.

Computieren KL. II, 341. — computare — computieren, zusammenrechnen, berechnen, überschlagen, an seinen Vorteil denken.

comte OPf. VI, 403, 417. — comte — Graf. fz.

concediert KL. IV, 79. — concedēre — concedieren, einräumen, zugeben, erlauben, zugestehen.

Concepten Simpl. 803, Concepta RSt. 345, Vog. II, 22, Dr. ä. E. 56, JdE. 92, 146, 392, 403, 487 etc., UAE., BE. 284, 342, KL. II, 20.
concernens WVSS. 249, 259. < ult. concernere — Concernenz, Beziehung, Hinsicht.
concerniren UAE., KL. II, 327. — concerner — concernieren, betreffen, angehen. fz.
Concert UAE. fz.
Concessionen UAE., KL. II, 216.
Concilium Simpl. 400, Z. RB. 145.
concionatoria FK. — concionatorius oder contionatorius, a, um für concionarius (t), a, um — einer öffentlichen Versammlung angemessen.
Concipient Dr. ä. F. 199. — concipiens, gen. -entis, part. praes. v. concipěre — Concipient, Entwerfer, Abfasser, Verfasser einer Schrift.
concipirte Simpl. 189, 249 (concipierte DK.), UAE. — concipěre — konzipieren, zusammennehmen, -fassen, empfangen, begreifen, aufsetzen.
Concipisten P. u. L. 109 — < concipěre — Concipist = Konzipient, Aufzeichner, Schreiber (z. B. einer Verhandlung), Verfasser.
Conclave Simpl. 401, UAE., Conclaue KL. III, 5.
conclusiones Dr. ä. E. 164, ThB.
conclusum UAE. — conclusus, a, um, part. perf. v. concluděre — d. Beschlossene, Beschlufs, Bescheid.
concotion Dr. ä. E. 157 (?) für concoction — concoctio, gen. -onis — Verdauung, Zeitigung, Reifung.
concordieren GW.
Concurrenz BE. 260, 368. fz.
concurriren BE. 241, 277, ThB., KL. IV, 23.
condemniret Büch. 51, Dr. ä. E. 94, Coll. (2) — condemnare — condemnieren, verurteilen, verdammen.
Conditionibus Simpl. 466, Conditiones 692, Conditionen Vog. II, 124, 189, Dr. ä. E. 113, BE. 157, 245, 289, UAE. — conditio, gen. -onis — Kondition, Bedingung, Zustand, Stelle, Dienst.
conditionirt KL. II, 16 — conditionner — konditionieren, bedingen, dienen, in Diensten stehen. fz.
Condolenzen Coll., ThB.
condoliren ThB.
condoniren Coll. — condonare — condonieren, schenken, verzeihen, nachsehen, zu gute halten.
Conduite BE. 32, 44, 48, 81, 271, 278 (+ 13) — conduite

— Konduite, Aufführung, Führung, Leitung, Begleitung,
Lebensart, Betragen. fz.
*Confect Simpl. 209, 497, Büch. 30, Dr. ä. E. 69, JdE. 18, 171,
276, 278, 314, 349 etc. AsB. 142, UAE. Dkw. 85, 107.
(= Nachtisch Betulius).
Conferentz UAE., Conferenz BE. 9, 25, 26, 68, 86, 137 (+22) fz.
conferiren Simpl. 586, 788, 995, UAE., KL. IV, 13. fz.
conferierung KL. III, 136.
Confession Simpl. 492, Büch. 33, 41, 57, Dr. ä. E. 93, ThB.,
SpH.
confessionis KL. II, 56.
confidenz HW. — confidence — Konfidenz, Vertrauen, Zu-
versichtlichkeit, vertrauliche Mitteilung. fz.
confirmiren WVSS. 308, 327, 329, Coll.
Confirmirung KL. II, 327.
confiscationis HW., Confiskation WVSS. 17, 220. — con-
fiscatio, gen. -onis — Konfiskation, obrigkeitliche Ein-
ziehung eines Gutes.
confiscirt GM. 287, WVSS. 204.
confitenten ThB. — confitens, gen. -entis — Konfitent,
Beichtender, Beichtkind; vgl. Confiteor, Beichtgebet.
Confoederirten Simpl. 467, BE. 135, 210, 222, 239, 240, 326
(+ 17), UAE., KL. II, 16; vgl. Confoederati, Einigs-,
Vereins-, Einigungsverwandte Schott.
Confoederation BE. 107, 214, 258, 259, 271, 366 (+ 5) UAE.
confoiret WVSS. 303 für convoiret — convoyer — con-
voyieren, begleiten, geleiten, bedecken; vgl. Convoyer < e.
convoy — bewaffneter (Post-) Begleiter. fz.
conformiret UAE. — conformare — conformieren, angemessen
gestalten, anpassen, gleichförmig machen.
Conforten JdE. 653 für Consorten — consors, gen. -sortis
— Konsorte, Teilhaber, Teilnehmer, Gefährte, Gleich-
gesinnter.
Confraternitäten LL. — nlt. confraternitas, gen. -tatis —
Konfraternität, Verbrüderung, Brüderschaft, Amtsgenossen-
schaft.
confundiren Dr. ä. E. 84, 86, WVSS. 87, KL. IV, 20 —
confundĕre — konfundieren, zusammengiefsen, mischen,
vermengen, verwirren, verblüffen.
confusen Dr. ä. E. 58, 87, 202.
Confusion WVSS. 191, 275, 297, -nes KL. IV. 20.
congratulation ThB. fz.
Congregation Simpl. 401, 761.
congressum BE. 69, 82, congressus ThB.
conjecturiren Simpl. 760, KJ. 805, WVSS. 198 — conjecturer

— konjekturieren, mutmafsen, raten, deuten, neue Lesarten ersinnen. fz.
conjugiren Dr. ä. E. 43.
Conjunktion Simpl. 295, BE. 98, 177, UAE., KL. II, 16 (= Fügewort, Schott).
conjunctis (consiliis) OZ., KL. IV, 10 — conjunctus, a, um — konjunkt, vereint verbunden.
conjungirt Simpl. 134, UAE. — conjungëre — konjungieren, vereinigen, verbinden.
Conjunktur BE. 79, 123, 138, 201, 227, 249 (+ 2).
conjuration OPf. VI, 14 — conjuration — Verschwörung, inständiges Bitten. fz.
connivendi BE. 84 — connivere — konnivieren, ein Auge zudrücken, durch die Finger sehen, nachsehen, zulassen, darüber hinsehen.
Conniventz Ges. 325 — conniventia — Konnivenz, Nachsicht, Nichtbeachtung.
conniviren BE. 76, KL. IV, 72.
conscience UAE., (bona) conscientia KL. III, 79, IV, 15, OPf. VI, 353 — conscience — Konscienz, Mitwissen, Bewufstsein, Gewissen.
Consekration BE. 361. fz.
conseils BE. 368, UAE. — conseil — Conseil, Konseil, Rat, Ratschlag, Ratversammlung, Staats-, Geheimrat. fz.
Consens Simpl. 501, P. u. L. 89, 102, Consensus UAE, KL. III, 136, IV, 16, OPf. VI, 4 — consensus — Konsens, Konsensus, Konsenses, Konsense, Übereinstimmung, Einwilligung, Erlaubnis.
consentirte Simpl. 357, P. u. L. 16, BE. 80, 191, UAE., OPf. VI, 46, 47, 314, 359 — consentire — konsentieren, übereinstimmen, einwilligen.
consequenter Simpl. 863, Ges. 322, Coll. (3) — consepuens, gen. -quentis, part. praes. v. consequi — konsequent, folgerecht, schlufsrichtig, übereinstimmend, seinen Grundsätzen getreu bleibend.
consequentias SpH. — Consequenz UAE. — consequentia, Konsequenz, Folge, Folgerichtigkeit, Schlufsfolge, Übereinstimmung mit seinen Grundsätzen.
consequence OPf. VI, 352. — consequence — Konsequenz, Folgerung, Schlufs etc. fz.
consequiren KL. III, 69. — consequi — konsequieren, folgen, verfolgen, nachfolgen, entspringen, sich ergeben.
Conservation UAE., conseruation KL. II, 330, III, 21. fz.
conserviren Simpl. 885, UAE. fz.
Couservirung BE. 99. fz.

consessu BE. 105. — consessus — Zusammensitzen, Sitzung, namentlich Amtssitzung.
considerable UAE. — considérable — konsiderabel, bedeutend, wichtig. fz.
Consideration UAE. — considération — Konsideration, Betrachtung, Überlegung, Wichtigkeit, Achtung. fz.
considerirten RPl. 306, BE. 90, 178, UAE. — considerare, — konsiderieren, betragen, überlegen, schätzen, achten; vgl. considerare, besinnen Schott.
Consilium Dr. ä. E. 87, 149, P. & L. 193, Büch. 24, 25, BE. 80, 92, 216, 277, 336, 346 (+ 3), UAE.
Consistoria Büch. 32, 33, JdE. 264, 507 etc. ThB., FK., Stud. 449; vgl. Consistorium, Ehgericht, Schott.
consolirt KL. II, 12. — consolari — konsolieren, jemand Trost, Mut einsprechen, trösten, beruhigen.
Consonantes JdE. 297.
Consorten Simpl. 596. fz.
Conspiration BE. 303, 329, 331, 333, 353, 360 (+ 17), OPf. VI, 359, 370, 371, 419. fz.
constantissime BE. 70, KL. II, 21. — superl. v. constans, gen. -stantis, part. pracs. v. constare — konstant, stetig, fest, beständig, ausdauernd.
Constellationibus GM. 294, Dr. ä. E. 140.
Consternation HW. — consternatio, gen. -onis — Konsternation, Verwirrung, Bestürzung, Verlegenheit.
consterniret UAE. — consternare — konsternieren, scheu machen, scheuchen, aufschrecken, verwirren.
constituiren Coll.
Constitution BE. 215. UAE.
constringiert HW., KL. III, 20, 57. — constringēre — konstringieren, zusammenziehen, -binden, -fassen.
Consul BE. 59, 69, GW.
consulirt Büch. 50, Dr. ä. E. 92.
Consultation Coll. (2), WVSS. 191.
consultiret BE. 70, GW., HW.
consultivum Coll. für consultativum (?) — consultativus, a, um — konsultativ, beratend, beratschlagend.
consumiret ThB., WVSS. 199.
Consumirung GW.
Contagion Simpl. 940. — contagio, gen. -onis — Contagion, Berührung, Ansteckung, Seuche, Pest.
contemniret Simpl. 884, 894 (condemniret DGK). — contemnēre — kontemnieren, verachten, verschmähen, geringschätzen.
Contemplationen Simpl. 729. — contemplatio, gen. -onis — Kontemplation, Betrachtung, Beschauung.

content Simpl. 193, P. u. L. 51, Contento JdE. 86, 373, Coll.,
UAE. OPf. VI, 57 — content, e — kontent, genügsam,
zufrieden, munter, vergnügt. fz.
contentationem KL. III, 348 für contentionem (?). — contentio, gen. -onis — Kontention, Anstrengung, Wettstreit,
Kampf, Streitigkeit.
contentiren Simpl. 775, BE. 20, Dr. ä. E. 159, UAE., KL.
II, 22, III, 8. — contenter — kontentieren, zufrieden
stellen, befriedigen, Genüge leisten, bezahlen. fz.
Contentament Simpl. 847, 1017, P. u. L. 202, Büch. 14, 21,
21 = Contentement — contentement — Contentement,
Zufriedenheit, Vergnügen. fz.
contentirung Vog. II, 175, UAE. für Contentement (?); s. d.
*Conterfait Simpl. 134, 135, 145, Conterfäit 562, Conterfeit 927,
928, Conterfaith EwC. 234, Conterfey EwC. 250, Cunterfet
EwC. 211, Conterfet Beer. 305, 306, Conterfect HPh. 18,
contrefait OPf. VI, 106, 161. fz.
Contestation WVSS. 277, 284. — contestatio, gen. -onis —
Kontestation, Bezeugen, Bezeugung, Beweisen.
Contestirung Ges. 322, WVSS. 248, 280 = Contestation (?).
< contestiren — contestari, zu Zeugen rufen, bestreiten.
conti HPh. 354, (à) conto HPh. 71. plur. v. Conto — conto —
Conto, Konto, Rechnung. it.
contiguitatem HW. — ult. contiguitas, gen. -tatis — Kontiguität, Aneinanderstofsen, Grenzgemeinschaft.
continenti GW. — continens, gen. -entis, part. praes. von
continere — enthalten, zurückhalten, begrenzen, einschränken.
Continentz Vog. II, 95, WVSS. 269. — continence — Kontinenz, Enthaltsamkeit, Mäfsigung, Genügsamkeit. fz.
Contingent Coll., UAE. — contingens, gen. -gentis — Kontingent, schuldiger Beitrag (an Truppen & Geld), Pflichtteil.
Continuation Simpl. 1030, UAE. — continuatio, gen. -onis
— Kontinuation, Fortdauer, -setzung, Folge.
continui GW., continuo KL. II, 47. — continuus, a, um —
Continuum, etwas Stetiges, Ununterbrochenes, ein stetiges
Ding.
continuiren Simpl. 674, 890, 953, Dr. ä. E. 148, 184, BE. 49,
59, UAE., OPf. VI, 57, 377. — continuare — kontinuieren,
fortsetzen, -fahren, währen, enthalten.
continuirlichen Simpl. 148, Dkw. 188, UAE., Stud. 508, OPf.
VI, 6.
contra Vog. I, 405, Dr. ä. E. 177, Coll. (2), UAE., contra(fechten)
Stud. 457, contra (suam voluntatem) KL. IV, 22.
contrabande HPh. 200.

Contract P. u. L. 154, JdE. 287, contractuum Stud. 456, contracty BE. 125, contract OPf. VI, 31.
contradicente BE. 344. — part. praes. v. contradicĕre — kontradizieren, widersprechen, dagegen reden.
Contradicenten UAE. — contradicens, gen. -centis, part. praes. von contradicĕre — Kontradizent, Widersprechender, Widersacher, Gegner.
contradiciret UAE. — contradicĕre — kontradizieren, widersprechen, dagegen reden.
Contradiction UAE. — contradictio, gen. -onis — Kontradiktion, Wider-, Gegenrede, Widerspruch.
*Contrafeth D. u. A. 59, 193, Contrafcie Dkw. 88, Conterfett HPh. 13. fz.
contradictoria Dr. ä. E. 163, 164, contradictiè 164, contradictorius veris et apparentibus 164, contradictorie ThB.
contrahirt Vog. II, 190, GW., KL. III. 144 — contrahere — kontrahieren, zusammenziehen, vereinigen, übereinkommen, ein Duell verabreden (in der Burschensprache).
Contrair(windeß) BE. 15. — contraire — konträr, gegenüberliegend, entgegengesetzt, ungünstig, widerstreitend. fz.
Contralor JdE. 362.
contramandieren HW. = contremandieren — contremander — contremandieren, Gegenbefehle geben, abbestellen. fz.
Contramarch St. M. 334. fz.
contraminiren WVSS. 262, 283, KL. IV, 51 = contreminiren — contreminer — contreminieren, Gegenminen machen, entgegenarbeiten, entgegenstreben. fz.
contrari Simpl. 977, UAE., contrar Dr. ä. E. 178, contraria 178, UAE.
contraste UAE. fz.
contrastieren WVSS. 109. fz.
contraveniret UAE. — contravenire — kontravenieren, entgegen handeln, übertreten, vertragswidrig handeln.
Contrebalance UAE. — contrebalance — Contrebalance, Gegengewicht. fz.
Contrebande BE. 142, 144. — contrebande — Konterbande, Schleichhandel, Schmuggelei, Schleichware, -gut. fz.
Contribuenten Simpl. 380.
contribuiren Simpl. 395, JdE. 482, BE. 60. fz.
Contribution Simpl. 105, 238, 252, BE. 66, 273, UAE. fz.
Controlleurs UAE., controlleur general OPf. VI, 417. fz.
controversiis KL. IV, 54. — controversia — Kontrovers, Kontroverse, gelehrter Streit oder Zank, Streitsache.
conveniens — part. praes. v. convenire — konvenieren, zukommen, übereinkommen, zuträglich sein.

Convenienz BE. 113. — convenientia — Konvenienz, Übereinkunft, Übereinstimmung, Schicklichkeit, Wohlanständigkeit; vgl. fz. convenance.
convenir BE. 98. — convenir — konvenieren, passen, bequem sein. fz.
convent WVSS. 258, 280, conventu KL. III, 14. — conventus — conventum, supine v. convenire — Konvent, Zusammenkunft, Kloster, Stift.
conventiculo FK. — conventiculum — Konventikel, Winkelverein, heimliche Zusammenkunft, Winkelversammlung.
Conversation Simpl. 238, 278, 815, Conversationes StM. 365, D. u. A. 185, KJ. 703, Coll., UAE., OPf. 88,204, VJ, 107. fz.
conversiren Simpl. 157, Dr. ä. E. 222, conversirt JdE. 557. fz.
conviciis Coll. — convicia, plur. v. convicium — Konvizien, sing.; Konvizium, Schelten, Schmähung, Lästerung.
Convict JdE. 106.
Convitia JdE. 375. — couvitium = convicium — Kouvizium; s. couviciis.
Convivium Simpl. 356, Convivia JdE. 670 — convivium — Konvivium, Gastmahl, Schmaus, Gelag.
Convocation UAE.
Convoy Simpl. 342, 352, 390, 410, 462 etc., Convoyen 865, KJ. 751, BE. 188, UAE. — convoy, convoi — Konvoi, Bedeckung, Begleitung, Geleitschiff, Zufuhr, Postbedeckung. fz.
convojirt Simpl. 758, convoyren EwC. 247, WVSS. 260; 327, — convoyer — (konvoyieren), begleiten, geleiten, bedecken, beschirmen. fz.
Convoierung UAE. < Convoi, Convoy; s. d. fz.
Co-operation Vog. II, 175, ThB., WVSS. 138, 197.
co-operiren Vog. II, 36, ThB.
Copert Simpl. 536 (Couvert K.). fz.
Copey Simpl. 511, P. u. L. 109, Copiam Büch. 25, Dkw. 23, HPh. 18.
copirt Beer. 302, JdE. 303. fz.
Copiste Dr. ä. E. 64. fz.
Copulation Simpl. 499, 502, 506, copulirung Vog. II, 78, P. u. L. 254, 256.
copuliren Simpl. 501, 502, 505.
coquetten OPf. VI, 52, 75, 415. fz.
coquetterie OPf. VI, 16. fz.
Coquos Simpl. 949, 958, 978. — coquus — Koch.
Corbleu Sch. 13 (= corbieu) für cors Dieu = par le corps de Dieu, wahrhaftig! vgl. morbleu, palsambleu. fz.
Corde UAE. = Chorde — corde, $\chi o \varrho \delta \eta$ — Chorde, mathe-

matische Linie, Saite, Darmsaite, aufgespanntes Seil, Sehne. fz./gr.
Cordimenta Ges. 8. ?
corigirt OPf. VI, 44. fz.
Cornet Ges. 233, GW.
Cornu (copiae) Ges. 232. — cornu — Horn; vgl. Hirschhorn.
Corpo Simpl. 428, 872, corpora 767, corpus 798, corpore Büch. 56, BE. 205, Corpus delicti Dr. ä. E. 203, corporis GW., corpus Juris Stud. 449 — corpus — Corpus, Korpus, Körper, Gesamtschaft, Corpus delicti, Korpusdelikti, Beweisstück etc.; vgl. corpus, Leib Schott.
Corporal Simpl. 462, 464, 466, 471, 599, 656 etc., WVSS. 211 fz.
corporierten JdE. 524.
Corps UAE. BE. 83, 104, 180, 299, 312, Corps de Garde Simpl. 117, 192, 223, 257, 277 etc., Dr. ä. E. 67. fz.
Correction Dr. ä. E. 142, OPf. 88,492.
Corrector TM. 367.
Correspondenten Simpl. 531, 533. fz.
*Correspondenz Simpl. 767, JdE. 688, -tz Dr. ä. E. 219, -z UAE., -tien HW., -ence BE. 1, 13, 73, 168, 320, 345 (+2). fz.
correspondirten Simpl. 863, UAE. fz.
corrigiren StM. 332, 346, P. u. L. 59, Ges. 15, JdE. 101. fz.
corrumpirt JdE. 60, BE. 38 — corrumpere — korrumpieren, verderben, verfälschen, verführen, bestechen.
corruptiones KL. IV, 167 — corruptio, gen. -onis — Korruption, Verdorbenheit, Verderbtheit, Verführung, Bestechung.
cortesiren Gauck. 320 < cortesie, Höflichkeit, Gefälligkeit. it.
cour OPf. 161 — cour — Hof, Regierung, Aufwartung. fz.
Courage Simpl. 174, 327, 350, 353, 637 etc. Dr. ä. E. 41, 63, 100, 203, Couracbse JdE. 41, Couraschi 356. fz.
courir OPf. VI, 54, conriren 272 — courir — laufen, jagen, verfolgen, durchlaufen. fz.
Courtoisie GW. — courtoisie — Courtoisie, Hofsitte, Artigkeit. fz.
couvert OPf. VI, 317. fz.
cravatten OPf. VI, 403. fz.
Creatoren RPl. 291.
Credential KL. II, 36 < credentiales (litterae), Beglaubigungsschreiben.
Credentionales KL. II, 56. IV, 5 (?) für Credentiales; s. Credential.
Credentz P. u. L. 242, -z, UAE., KL. II, HPh. 5.

Credit Simpl. 159, Ges. 52, JdE. 449, UAE., BE. 46, 68, 80, 184, 252, 292 (+ 2). fz.
Creditif P. u. L. 242. UAE., BE. 2, 3, 155, 156, 172, 279 (+ 2), KL. II, 90 — nlt. creditivum (scriptum, Schrift) — Kreditiv, Vollmacht, Beglaubigungsschreiben, -brief, Kredenzschreiben.
creditirte Dr. ä. E. 44, 105.
Creditoren JdE. 20, UAE., Coll. (7); vgl. Creditor, Schuldherr Schott.
creiren Dr. ä. E. 119, KL. II, 122, IV, 20 — creare — kreieren, hervorbringen, schaffen, wählen, ernennen.
crepeliren Vog. I, 306 für crepiren < crepare — krepieren, bersten (von Sprenggeschossen), verenden. it.
criminel Dkw. 54 — criminel, -elle — kriminell, mit schwerer Strafe bedroht, verbrecherisch, peinlich. fz.
criminalibus BE. 20. — criminalis, e — kriminal, verbrecherisch etc.
cruel OPf. VI, 74 — cruel, le — grausam, unerbittlich, kalt, peinlich fz.
Cucumern RPl. 292 — cucumeres < sing. cucumis — Kukummer, Kukumer, Gurke.
cujus vis UAE. — cujusvis, cujavis, cujumvis — wessen auch, wessen immer.
culpâ Coll. — culpa — Schuld, Vergehen, Fehltritt.
culpiren BE. 44 — culpare — culpieren, beschuldigen, anklagen.
cultura Coll.
cum UAE., BE. 78, 289 — cum — mit.
cumulieren KL. III, 138 — cumulare — kumulieren, häufen; vgl. Kumulation < cumulatio, gen. -onis, Häufung.
Cunctation KL. II, 122 — cunctatio, gen. -onis — Cunctation, Zögerung, Zauderung.
Cunctiren WVSS. 172, KL. IV, 10 (vgl. cunctari verziehen Schott); — cunctari — cunctieren, zaudern, säumen, zögern.
cura ThB. — cura — Sorge, Besorgung, Fürsorge, Pflege, Verwaltung.
Curage Dkw. 100. fz.
Curator Dr. ä. E. 33, 43, 47, -ores FK. (Verpfleger Zesen).
Curialien UAE., BE. 15, (-alibus 47) 156 — curialia — Kurialien, Förmlichkeiten des Kanzleistils.
curieuses Dr. ä. E. 28, 219 — curieux, -euse — kuriös, wifsbegierig, neugierig, naseweis, seltsam. fz.
curieusités Dkw. 121 — curieusité — Kuriosität, Neugier, Sonderbarkeit, Seltsamkeit; vgl. curiositet OPf. VI, 21. fz.
curioses TM. 408, D. u. A. 3, 5, curioso JdE. 432 — curiosus, a, um — kurios, s. kuriös.

Curiosität Simpl. 514, 692, Dr. ä. E. 54, 167, 211, 215, 218, HPh. 7.
*curirt Simpl. 513, D. u. A. 25, Dr. ä. E. 157, 177, 180, JdE. 329, 416, 417, 506 etc. Dkw. 86, 121, courirt OPf. VI, 380, courirt 381 (= geheilt).
cursoriam FK., SpH. — ult. cursorius, a, um — kursorisch, ununterbrochen, fortlaufend.

*Damen Simpl. 179, 180, 190, 225, 291, 548 etc. Dam 383, 838, 870 etc. Dames EwC. 184, P. u. L. 101, 108, 109, 277 etc. Ges. 98, Dama JdE. 3, 11, 77, Dames 77, 369, 371 etc. UAE., Dkw. 83, OPf. VI, 28, 338, 353. fz.
damni HW., damnium Coll. — damnum — Schaden, Verlust, Nachteil, Einbufse.
damnificirten Coll. — ult. damnificare — damnifizieren, Schaden anrichten, beschädigen.
Damoisecken Vog. I, 303, Damoiselle Simpl. 709. fz.
datiret UAE., Coll.
dato Simpl. 404, de dato Vog. II, 8, Ges. 321, GW., HW., SHB., BE. 50, 170. 245, 282, 285, ThB.
debattiren Dr. ä. E. 154. fz.
Debitores Simpl. 617, Coll. (8). — debitor, gen. -oris — Debitor, Schuldiger, Schuldner, im Gegensatz zu Kreditor.
Decanos Büch. 55, GW.
decidirn Dr. ä. E. 140, Coll., KF. I, 493. — décider — decidieren, dezidieren, entscheiden, einen Bescheid geben. fz.
Decidirung Coll. < decidirn, decidiren; s. d.
Decision Coll. (4). — décision — Decision, Dezision, Entscheidung. fz.
decisivum Coll. (4). — ult. decisivus, a, um — decisiv, dezisiv, entscheidend.
Declaration UAE., Coll. (2). fz.
declariret UAE., BE. 233, KF. I, 285, OPf. VI, 429, OPf. VI, 375. fz.
declinirten BE. 17, FK.; vgl. declinatio, Abwandlung. Schott.; Beugung, Neumarck.
decollieren GW. — decollare — vom Halse trennen, enthaupten, köpfen.
decoro TR. — decor, gen. -oris — Decorum, Dekorum, Anstand, Schicklichkeit, Zierde, Schönheit — decorus, a, um — passend, zierlich, stattlich.
Decrementa Ges. 182, Dr. ä. E. 149.
Decret JdE. 105, 475 etc. Decreta Coll. (2), KL. II, 20. fz.
decretirt JdE. 301, ThB. — mlt. decretare — dekretieren, beschliefsen, verfügen, verordnen, festsetzen.
Decretitif WVSS. 268. < decreditiren — décréditer — je-

mand um den Kredit, das Zutrauen, sein Ansehen bringen, verkleinern. fz.
decurtirt Coll. (2). — decurtare — decurtiren, stutzen, verschneiden.
Dedication EwC. 205 (= Übereignungsschrift Harsd.).
dedicirt Coll.
deducirte UAE., BE., 223, KL. III, 52. — deducěre — deduzieren, deducieren, abziehen, herleiten, beweisen, durchführen.
Defecto GW., defectum BE.. 241, 247, 298. — defectus, -um, 1. supin. v. deficěre — Defekt, Defektus, Mangel, Fehler, Lücke.
defendiren Simpl. 469, Ges. 72. Büch. 55, HW. — defenděre — defendiren, verteidigen.
Defendirung Ges. 334, WVSS, 209 < defendiren; s. d.
Defension UAE., BE. 80, KL. III, 21, IV, 94. — defensio, gen. -onis — Defension, Verteidigung, Verteidigungsschrift; vgl. defensio, Wehr, Schutz, Schott.
*defensive Simpl. 441, GW., Defensiv(Armee) BE. 191, 201, 202, 524, 256, 260 (+ 3).
Defensores KL. II, 69, IV, 82. — defensor, gen. -oris — Defensor, Verteidiger, Sachwalter, Verfechter, Beschützer.
deferiren UAE., — déférer — deferieren, angeben, anzeigen, antragen, zuschieben. fz.
definiret Büch. 163, HW., FK.
definition Coll., definitiones Stud. 461.
definito LL.
definitore KL. IV, 20.
degeneriren Dr. ä. E. 201. — degenerare — degenerieren, entarten; aus der Art schlagen.
degeriren Simpl. 546. — degerěre — heruntertragen, wegtragen.
degradiren WVSS. 256, KL. II, 45. fz.
dehortieren WVSS. 277. — dehortari — dehortieren, abmachen, abraten.
delectirten Simpl. 725, 827, Dr. ä. E. 188, 189, 199. — delectare, Intensivum v. delicěro — delektieren, ergötzen, erfreuen; vgl. delectation Schott.
deliberation BE. 55, 93, 95. — deliberatio, gen. -onis — Deliberation, Erwägung, Überlegung, Beratung.
deliberirt BE. 54, 61. — deliberare — deliberieren, beratschlagen, überlegen.
delicat Simpl. 155, 343, 547, delicatſten Simpl. 167. fz.
Delicatesse Dr. ä. E. 123, BE. 58. fz.
de literatura Runica GM. 290. — de — von, aus, über; — literatura — Literatur, Bücher-, Wissenschaftskunde,

schöne Wissenschaften; — Runica < rûna — Runen, Geheimnis, Geflüster; daher d. l. R.: über runische Literatur.

Demarschen BE. 274, 333. — démarche — Demarche, Schritt, Mafsregel; vgl. D. machen, Schritte tun, Mafsregeln nehmen. fz.

de Materia prima Dr. ä. E. 162. — de — von, aus, über; — materia — Materie, Stoff, Inhalt; — primus, a, um, der, die, das erste.

demeriren ThB. — demerēre, -rēri — demeriren, sich Verdienst erwerben, sich verdient machen.

demittiret WVSS. 142. — demittĕre — demittiren, herabschicken, herablassen.

demoliert GW. — démolir — demolieren, niederreifsen, einreifsen, zertrümmern. fz.

Demolition UAE. — démolition — Demolition, Demolierung, Niederreifsen, Abtragung, Schleifung. fz.

Demonstration Dr. ä. E. 28, UAE., BE. 129, 160, LL.; vgl. demonstratio, Bescheinigung Schott, fz.

demonstrieret G.W.

denotieren KL. III, 23. — denotare — denotieren, angeben, bezeichnen.

Denunciation UAE. — denunciatio, gen. -onis — Denunziation, Anzeige, Angabe, Angeberei.

denunciatores UAE. — denunciator — Denunciator = Denunziant < denunciaus, gen. -antis, part. praes. v. denunciare — Angeber, Ankläger.

Deo Gratias JdE. 341, 481, 484 etc. — Deo gratias — Gott sei Dank.

Dependenz UAE.

dependiren UAE., BE. 53, KL. III, 20. — dependĕre — dependiren, abhangen, unterworfen sein.

Depensen Stud. 506. — dépense — Depens, Depense, Ausgabe, Aufwand, Verschwendung, Verratskammer (eines Schiffes). fz.

deponirt Dr. ä. E. 36, BE. 128, 348, 350.

deposito OZ.

Deposition Dr. ä. E. 155.

Deputati UAE. Coll.

Deputation UAE., BE. 220, 251. fz.

deputirten Dr. ä. E. 113, 147, UAE. fz.

Deputirte UAE., BE. 25, 101, 205, 285, 342.

derière WVSS. 153. — derrière — hinter, hinten, zurück. fz.

derivirt Coll. (2), JdE. 372. — derivare — derivieren, herleiten, ableiten; vgl. Derivation, derivatio Ableitung Schott.

derogatoria UAE. — derogatorius, a, um — einer bedingten Widerrufung, einer partiellen Aufhebung angehörig.
desagrementen OPf. VI, 3. — désagrément — Unannehmlichkeit, Verunzierung. fz.
Desavantage BE. 58. — désavantage — Desavantage, Nachteil, Schaden, Verlust. fz.
deschainirt OPf. 11. — deschainer — von der Kette loslassen, entfesseln. mfz.
descharge OPf. VI, 56. — descharge — Abladung, Entlastung, Quittung. fz.
deserteurs OPf. VI, 74. fz.
déshabillé BE. 163. < déshabiller — Déshabille, Hauskleid, Nachtgewand. fz.
desiderierten UAE. — desiderare — desiderieren, verlangen, begehren, wünschen, vermissen.
Designation RPl. 266, KL. IV, 96. — designatio, gen. - — Designation, Bezeichnung, Bestimmung.
Designi GW. — designio — Plan, Entwurf, Absicht. sp.
designiren UAE. — désigner — designieren, bezeichnen, anzeigen, erklären, bestimmen, in Aussicht nehmen. fz.
desobligiren BE. 75, 265. — désobliger — desobligiren, vor den Kopf stofsen, ungefällig begegnen. fz.
desjnteressirter OPf. 316, -irtste 346 < désinteresser — abfinden, entschädigen. fz.
Desordres BE. 54 — désordre — Desordre, Unordnung, Verwirrung, Sittenlosigkeit. fz.
Despect Simpl. 195, Büch. 5, UAE., KL. III, 72, 143 = Despection — despectus, a, um, — despectio, gen. -onis — Despekt, Despektion, Verachtung, Geringschätzung, Schimpf.
despectiren UAE. — despectare — despektieren, verachten, geringschätzen.
despectirlich UAE. < despectiren; s. d. — despektierlich, verächtlich, schimpflich.
despense OPf. VI, 36 — despense — Ausgabe, Aufwand, Rechnung etc. mfz.
desperat Simpl. 443, 588, 743, 871, -issimus KL. III, 22 — desperatus, a, um, part. perf. v. desperare — desperat, verzweifelt, tollkühn.
Desperation Simpl. 576, Dr. ä. E. 41, GW., HW., LL., OZ., KL. III, 26, 143 — desperatio, gen. -onis — Desperation, Hoffnungslosigkeit, Verzweiflung, Tollkühnheit.
desperiren Simpl 99, 412, Coll. = desesperiren — désespérer — desperieren, desesperieren, verzweifeln, verzagen. fz.

Dessein UAE., BE. 196, 199, 297, Stud. 463, OPf. VI, 346 —
dessein — Dessein, Vorhaben, Absicht, Plan. fz.
destinirten UAE. — destinare — destinieren, bestimmen,
widmen.
destituirt KL. III, 88 — destituer — destituieren, verlassen,
absetzen (von einem Amte). fz.
deterioration KL. II, 122 — détérioration — nlt. deterioratio, gen. -onis — Deterioration, Verschlechterung, Verschlimmerung, Verfall. fz./lt.
determinirter BE. 353, ThB.
Determinirung UAE.
detestiret WVSS. 155, 170, 279, ThB. — détester — détestiren, verabscheuen, verwünschen. fz.
detorquirt Coll. — detorquere — detorquiren, ablenken, abwälzen, verdrehen (eine Schriftstelle).
(per) **Deum** (Sanctum) Sch. 13 — Deus — Gott; vgl. Deo gratias, Gott sei gedankt.
deuotion KL. III, 6 = devotion OPf. VI, 50 — dévotion — Devotion, Ergebenheit, Ehrerbietung, Andacht, Frömmigkeit; vgl. Devotion Schott. fz.
devertissanter OPf. VI, 345 < divertissant < divertir; s. divertiren. fz.
devotte OPf. VI, 343 — dévote — (die) Fromme, Betschwester. fz.
Dexteritaet KL. II, 32, IV, 11 — dexteritas, gen. -tatis — Dexterität, Geschicklichkeit, Gewandtheit.
Diaconum FK.
Diadema Vog. II, 26, Diademate KJ. 722, JdE. 37. gr.
Dialectos Simpl. 221, -us GM. 262, Dialecticos Büch. 44. gr.
Diamant KJ. 783. fz./gr.
Diamantines KJ. 683. — diamantines plur. — Wollstoff mit Figuren. fz.
Diaet Simpl. 782, P. u. L. 120. fz.
dicam Coll. — dicere — sagen, reden, sprechen.
Dicentes Vog. I, 395, Büch. 31 = Dicentien — dicere — Dizentien, Dizenterei, unnütze Worte, Geschwätz.
dicta FK.
Dictator UAE.
dictatoria voce Dr. ä. E. 85 — dictatorius, a, um + vox — diktatorische oder gebieterische Stimme, Rede, Sprache.
dictiren Simpl. 221, 221, Büch. 10, Dr. ä. E. 129, Coll.
dicto loco (= d. l.) GM. 280 — dictus, a, um + locus — am genannten Orte, an der genannten Stelle.
dictum Dr. ä. E. 86.
Dieu (in o mon Dieu) Vog. I, 420 — dieu — Gott. fz.

dies BE. 90, 171, 279, 289 — diës — Tag, Termin, Tagefahrt.
different — differens, gen. -rentis — s. differenter.
differenter Dkw. 191 — adv. v. differens, gen. -rentis, part.
praes. v. differre — different, verschieden, ungleich.
Differenzen BE. 26, 40, 95, 142, 372, UAE., -tien WVSS. 140.
differiren BE. 176, GW. — différer — differieren, verschieden sein, abweichen. fz.
differtiret KL. III. 120 für diffitiren — diffitēri — diffitiren, ableugnen, leugnen.
difficile BE. 63. fz.
difficulteten Conr. 65. P. u. L. 251, 255, UAE., OPf. VI, 347 — difficulté — Diffikultät, Schwierigkeit, Bedenklichkeit, Hindernis. fz.
difficultiren UAE. — difficoltare — difficultiren, erschweren, schwierig machen, — kommt nicht mehr vor. it.
diffidentiam GW., Diffidenz UAE., KL. III, 24 — diffidentia — Diffidenz, Mifstrauen; vgl. diffidenter, diffidiren.
Dignität Simpl. 32, 327, 660, UAE., -tet JdE. 110, 186, 660, KL. II, 69, III, 9 — dignitas, gen. -tatis — Dignität, Würde.
Digression (Schott.) — digressio, gen. -onis — Digression, Abschweifung, Abstecher, Absprung.
dijudication WVSS. 231 — dijudicatio, gen. -onis — Dijudication, Entschlufs, Aburteilung; vgl. Dijudicatur < nlt. dijudicatura mit derselben Bedeutung; vgl. dijudicatio, Entscheidung Schott.
dijusten WVSS. 17, Disgusten; s. d. ?
Dilatation BE. 371, 373, HW. — dilatatio, gen. -onis — Dilatation, Ausbreitung, Ausdehnung, Erweiterung.
dilatorie WVSS. 168 — dilatorius, a, um — dilatorisch, aufschiebend, verzögernd.
dilectione JdE. 408. — kirchlt. dilectio, gen. -onis — Dilection, Liebe, Zuneigung.
diminuirt GW. — diminuëre — diminuieren, verkleinern, vermindern.
diminutive GM. 269. — diminutivus, a, nm — diminutiv, vermindernd, verkleinernd; vgl. Diminitivum (= lt. diminutivum) Verkleinerungswort Schott.
Dimission GW., ThB. — dimissio, gen. -onis — Dimission, Demission, Entlassung, Abdankung, Abschied (eines Beamten).
dimittiren BE. 237, UAE. — dimittëre — dimittieren, wegschicken, entlassen, verabschieden, abdanken.
directe (vel indirecte) KL. IV, 17, direkt BE. 124, UAE.
Direktion UAE. KL. III, 7.
Director GW.

Directorium UAE.
dirigire Simpl. 748, 765, BE. 51, UAE.
Disaffection UAE. — disaffectio, gen. -onis — Disaffektion, Dosaffektion (< fz. désaffection).
disarmiert HW.
Disarmierung GW.
Discant Vog. I, 357; vgl. Discant, Sopran, Oberstimme MT.
discerniren Coll. — discernēre — discerniren, absondern, trennen, unterscheiden, erkennen.
*Disciplin Simpl. 108, WVSS. 118 (= Unterweisung Harsd.); disciplina militaris Simpl. 27 = Exercitium corporis DGHK.; vgl. Disciplinas Schott.
disciplinirten WVSS 253.
discipliniter St. M. 341. — adv. v. disciplina — disziplinarisch, disziplinar, die Zucht betreffend; vgl. ult. disciplinarius, a, um; disciplinaris, e.
Discipulus Coll. — discipulus — Discipel, Schüler, Lehrling.
discommodiren HW. — scommodare (< discommodare) discommodiren, belästigen, beschweren, quälen. it.
discommodirung WVSS. 278. < discommodiren s. d.
Diskommodation, Diskommodität, Belästigung, Beschwerlichkeit, Unbequemlichkeit.
discostiren HW. — discostare — discostiren, entfernen, wegnehmen. it.
discrepantien WVSS. 233. — discrepantia — Diskrepanz, Verschiedenheit.
discrete KL. III, 20. fz.
Discretion Simpl. 468, 472, P. u. L. 221, Diskretion BE. 144, 312, GW., HW., SHB., ThB., Stud. 452. fz.
discurirten Simpl. 156, 359, 486, 520, 603 etc. diskuriren BE. 73, KL. III, 20.
discurrendo GW. — discurrere — discurrieren oder discourieren (< fz. discourir), sprechen, sich unterhalten.
discurrent Coll. vgl. discurrendo.
Discurs Simpl. 66, 212, 219, 245, 292, 498 etc. Discours AsB. 111, 112, UAE., KL. II, 116, OPf. VI, 38, 106, 429; vgl. discursus Schott.
discussionen GW. — discussion — Diskussion. Untersuchung, Erörterung. fz.
Disgusten UAE. — disgusto — Disgusto, Verdrufs, Ekel, Mifsfallen. it.
disoasion = dissuasion (?) WVSS. 317. — dissuasio, gen. -onis — Dissuasion, Widerraten, Abraten.
*Dispensation JdE. 338, 339, KL. II, 23, 61.
*dispensieret JdE. 339, Z. RB. 186.

disponendis UAE. — disponendus, a, um, part. fut. pass. v.
disponěre — Disponendum, plur. -da, -den, Verfügbares,
der Verfügung des Verlegers anheimgestellte Bücher.
disponiren Simpl. 685, UAE, BE. 8, 49, 69, 132, 245, 263
(+ 1), KL. II, 13, III, 3, OPf. VI, 26.
disponirung WVSS. 257.
disposition P. u. L. 113, UAE., BE. 39, 52, 94, 253, 371, 373
(+ 3) KL. III, 7; vgl. Disposition, Einrichtung einer
Orgel MT.
disputat Dr. ä. E. 81, 142, UAE.
Disputation RPl. 271, Vog. I, 326, 343, Disputationes Vog. II, 196.
Disputationibus Vog. I, 340, Ges. 14, -em Dr. ä. E. 11, -es 184,
204, ThB., Stud. 502, 508.
disputatoria FK. — nlt. disputatorius, a, um — Disputa-
torium, plur. Disputatoria oder -rien Streitübung, Anleitung
zu gelehrten Streitreden.
Disputen Vog. II, 88, Dispůte BE. 94, disputte Dkw. 180, OPf.
VI, 351, 409. fz.
*disputiren Simpl. 247, 611, Büch. 48, 54, Dr. ä. E. 81, 82,
LL., Dkw. 73, 74, 169, 223 OPf. VI, 17. fz.
disputirlichen BE. 322.
Disputirer Simpl. 633.
disquirirte HPh. 339. — disquirěre — disquiriren, genau
untersuchen.
disqvisition Büch. 21 = Disquisition — disquisitio, gen.
-onis — Disquisition, genaue Untersuchung, Abhandlung.
disreputation WVSS. 233 (?) — (schlechter) Ruf, Ansehen;
vgl. Reputation, (guter) Ruf, Ansehen.
disreputierliche GW. Coll.
Dissenters BE. 50. — dissenter — Dissenter, Andersdenkender;
diejenigen Protestanten in England, welche von dem Be-
kenntnis der bischöfl. Kirche abweichen. e.
dissention KL. III, 131 für Dissension — dissensio, gen.
-onis — Dissension oder Dissens (< dissensus), Nicht-
übereinstimmung, Verschiedenheit der Meinungen.
dissentire Stud. 459.
dissigno, dissegno HPh. 54.
dissimuliren Vog. I, 381, HW., KL. II, 61. — dissimulare —
dissimulieren, verstellen.
dissipiret HW., BE. 63. — dissipare — dissipieren, hinwerfen,
-streuen, vergeuden.
dissolutiae HW. für dissolutio (?), gen. -onis — Dissolution,
Auflösung, Vernichtung.
dissolvieren GW., BE. 20, 23. — dissolvěre — dissolvieren,
auflösen, schmelzen, vernichten, widerlegen.

distillirt Simpl. 579, Destilirſchnabel TM. 392. fz.
*Distinction UAE., Ges. 321, Dr. ä. E. 85, 86, Distinktion
    BE. 77. fz.
distrahirt HW., BE, 69, 313. — distrahēre — distrahiren,
    auseinanderziehen, zerstreuen, verwirren; ausverkaufen.
Distrahirung BE. 50 = Distraction — distractio, gen. -onis
    — Distraktion, Zerstreuung, Gemütsverwirrung; Rspr. Ver-
    äufserung, Verkaufung.
distribuiret UAE. — distribuēre — distribuieren, verteilen,
    austeilen, verbreiten.
district HW., Distrikt BE. 50. fz.
Diuersitatem HPh. 233. — diversitas, gen. -tatis — Diver-
    sität, Verschiedenheit, Unterschied.
divinitatem KL. II, 20 = divinitatem — divinitas, gen.
    -tatis — Divinität, Göttlichkeit, göttliches Wesen, göttliche
    Natur, Vortrefflichkeit.
diversion Dr. ä. E. 58, BE. 359, UAE. — diversion — Di-
    version, Abkehrung, Ablenkung, Schwenkung. fz.
divertiren UAE., Dkw. 59, OPf. 88,26 — divertir — diver-
    tiren, abwenden, zerstreuen, ergötzen; entwenden, unter-
    schlagen. fz.
divertissement Dr. ä. E. 167, 314, OPf. VI, 491,59 — diver-
    tissement — Belustigung, Zeitvertreib, Bühnentanz; vgl.
    Divertissement, ein kleines, gefälliges Tonstück MT. fz.
divide BE. 277 — imperat. sing. v. dividēre — dividieren,
    trennen, teilen; berechnen, wie viel mal eine Zahl in einer
    andern enthalten ist.
divina iugenia Dr. ä. E. 86 — divinus, a, um + ingenium
    — göttliche Naturanlage, übernatürlicher Verstand.
Division P. u. L. 205, -onis LL., -nes Stud. 461. fz.
divulgiren Dkw. 77 — divulgare — divulgiren, verbreiten,
    bekannt machen.
Doctoraliter Büch. 28.
Doctorat Büch. 28.
Doctoribus Simpl. 512, -res RPl. 341, 342, P. u. L. 193, Ges.
    150, 221, 267, Doctoribus Ecclesiae Büch. 36, Doctor Büch. 6,
    50, 54 etc., JdE. 15, 39, 280, Doctorin 41, 318, WVSS. 270,
    Dr. ä. E. 22, 157, Doctor trium facultatum 85, Coll. 15).
doctoriſche Coll.
Doctrin JdE. 305, FK., ThB.
doctrinaliſcher JdE. 180.
Documenten D. u. A. 5, documentis UAE., Dokumente BE. 76.
dolo malo Ges. 36 — dolus malus — List, Arglist, Hinter-
    list — dolo malo — arglistigerweise.
Domainen BE. 191, 194, 195, UAE. fz.

4*

Domestiken BE. 74, 205, 330, 348, 352, 352, domesticum
ThB. — fz. domestique — lt. domesticus, a, um, häuslich,
zum Hause gehörig; vgl. domostiquen OPf. VI, 345. fz./lt.
dominatum WVSS. 222, 255, 266 — dominatus — Regel,
Befehl, Oberherrschaft, Tyrannei.
Domine Simpl. 323, 633, -nus JdE. 241, -no WVSS. 255. 256.
Dominicus Simpl. 783 — dominicus, a, um — den Herrn
betreffend, oder: ihm gehörig; vgl. Dominica (dies), Tag
des Herrn, Sonntag.
*dominireus Simpl. 816, dominirten UAE., Vog. II, 166.
Dominium BE. 295 — dominium — Dominium, Herrschaft.
Eigentum, freie Besitzung, Rittergut.
Dona Dr. ä. E. 22, JdE. 305, Donum Caeli 364, FK. —
donum, plur.: dona — Geschenk, Gabe.
Donationes UAE., KL. II, 337 — donatio, gen. -onis —
Donation, Schenkung. (Übergebung, Übergabe im jur.
Sinne, Schott.)
Dotation BE. 103 — mlt. dotatio, gen. -onis — Dotation,
Schenkung. Ausstattung. fz.
Dragoner Simpl. 441, 472, 593, UAE., BE. 220, 229, Tragoner
EwC. 213.
dubitandi ThB. — dubitare — zweifeln, Bedenken tragen,
überlegen.
dubium Coll. — dubius, a, um — dubiös, schwankend, zweifelhaft, ungewifs.
duc OPf. VI, 315 — duc — Herzog; Horneule fz.
duchesse OPf. 18, 205, 343 — duchesse — Herzogin; Ruhebett. fz.
*Duell Simpl. 425, Duel (-Narren) Ges. 72, Duell Dr. ä. E. 22,
JdE. 52, 55, Duelledikt Stud. 506 (= Zweikampf Harsd.)
Duellanten Vog. 11, 37, Dr. ä. E. 21.
duelliren Dr. ä. E. 21.
duellisiren Simpl. 635.
Duplet Simpl. 444.
duplici WVSS. 253 — duplex, gen. -plicis — Duplum, das
Doppelte.
duplo Simpl. 687 — duplus, a, um — Duplum, das Doppelte,
Zweifache; doppelt, zweifach.
durante BE. 323 — durante — während der Dauer; vgl.
d. lite, während des Rechtsstreits, d. matrimonio, während
der Ehe.
duriert GW. — lt. durare — fz. durer — duriren, härten;
dauern, währen. lt./fz.

Ecce JdE. 403 — ecce — sieh! vgl. ecce homo, welch ein
Mensch; ecce me, hier bin ich.

Ecclesiae FK., KL. IV, 20 — ἐκκλησια — Ecclesia, Kirche, christliche Gemeinde. gr.
ecclesiastica UAE. — ἐκκλησιαστικος, ή, ον — ecclosiastisch, kirchlich, zur Kirche gehörig.
è charta in papyrum JdE. 706, Büch. 46 — ἡ ex, von, aus, heraus etc. — charta Papierblatt, Schrift, Handschrift, Urkunde — παπυρος, Papyrus, altägyptisches Papier aus der Papyrusstaude, einem Schilfgewächs.
Echo KJ. 654.
escuyer OPf. VI, 54 — escuyer — Schildknappe, -träger, Junker, Edelmann, Stallmeister. mfz.
Edikts BE. 19, 147, 171, 330, Edicte UAE.
ediret Büch. 2, Coll. — edēre — edieren, herausgeben, bekannt machen; vgl. Editionibus Schott.
Education BH. — éducation — Edukation, Erziehung, Auferziehung. fz.
Effect Simpl. 432, Effekt BE. 24, 57, 58, 79, 182, 221 (+ 8), FK., Effecta UAE.
effection KL. IV, 78 (?) = Effect — effectus — Effekt, Wirkung, Erfolg.
effective WVSS. 170, 205, 215, KL. III, 24.
effectuiren UAE., KL. III, 52 — effectuer — effektuieren, bewirken, bewerkstelligen, ausrichten, zustandebringen. fz.
Effectuirung UAE. fz.
effloriren Coll. < florēre; — vgl. effleuriren < fz. effleurer, leicht auf der Oberfläche berühren, streifen; efflorosciren < efflorescēre aufblühen, ausschlagen, auswittern, verwittern.
Effort OPf. VI, 412 — effort — Austragung, Bemühung. fz.
ejusdem GW., HW., KL. II, 36, HPh. 67 — ejusdem (mensis. oder anni) — desselben oder des nämlichen (Monats oder Jahres).
elaborirten Dr. ä. E. 87, Stud. 508 — elaborare — elaboriereu, ausarbeiten, sich abmühen, verfertigen.
Election UAE. fz.
Electorali BE. 87, GW., FK. < Elector < elector, gen. -oris — elektoral, kurfürstlich, landesherrlich.
Electorem GW., FK.
Electuarium Spring. 156 — nlt. electuarium — Elektuarium. Latwerge, Saftmus (eigtl. Auserwähltes).
*Elementa GM. 295 (-Urwesen, Zesen).
Elexier (Theophrasti) Simpl. 767, E. divinum TM. 366.
eligieren KL. III, 29 — eligēre — eligiren, auslesen, wählen, auswählen.
ellicieren KL. III, 29 — elicēre — elicieren, elizicren, herauslocken, hervorlocken, erregen, veranlassen.

Eloquentia RPl. 325, FK. — eloquentia — Eloquenz, Beredsamkeit, Wohlredenheit.
emblemata HPh. 4 — emblema — Emblem, Zierat, Abzeichen, Kennzeichen, Sinnbild.
Elucidation UAE. — élucidation — Elucidation, Beleuchtung, Erläuterung, Erklärung. fz.
embrassiren UAE. — embrasser — embrassieren, umarmen, -fassen, -fangen. fz.
emergiren Stud. 504 — emergere — emergiren, auftauchen, emporkommen, berühmt werden.
Emigranten WVSS. 317, JdE. 425. fz.
Eminentzen Dr. ä. E. 102.
Emissaire BE. 195, 324 — émissaire — Emissar, Abgeschickter, Kundschafter, Ausspäher; vgl. Emissarien OPf. VI. 419. fz.
emlematibus HPh. 205 für emblematibus — s. emblemata.
emolumentis ThB. — emolumentum — Emolument, plur. - Vorteil, Gewinn, Diensteinnahmen, Amtseinkünfte.
employrt Spring. 191, emploiren Vog. I, 303, employret Vog. II, 189, UAE., OPf. VI, 341 — employer — employiren, anwenden. fz.
en(passant) BE. 307 — en — in, während. fz.
enervieren UAE.
Enfans perdus Ges. 18 — enfant perdu — Eufant perdu, mifsratener Sohn, schlecht geratenes Kind. fz.
Engagements BH, BE. 146, 222, 254, 277, 281, 323 (+ 3). fz.
engagiren UAE., BE. 130, 141, 187, 240, 261, 326 (+ 7). fz.
Euormia KL. III, 47 < euorm, enormal (?) — enormis, e — übermäfsig, übertrieben, aufserordentlich, ausschweifend, unerhört.
Enthusiasten ThB. gr.
Entrée OPf. VI, 352.
entreteniret ThB. fz.
Entretien UAE. fz.
Envoyé BE. 49, 56, 65, 68, 80, 140 (+ 15), FK. I, 285, OPf. VI, 352 — envoyé < Envoyé, Abgesandter, Gesandter, insbesondere Gesandter zweiten Ranges, Geschäftsträger, vgl. envoyessen OPf. VI, 352. fz.
épargne UAE. — épargne — Sparsamkeit, Ersparnis, das Ersparte. fz.
Epigrammata JdE. 669.
Epilogus JdE. 253.
episcopale SpH.
Epistola GW., FK.
Epistolica Dr. ä. E. 87.

Epitaphien Z. RB. 22, 120.
Equestri Coll. (2) — equester, tris, tre — reitend, zu Pferde, ritterlich.
Equipage BE. 129, 163, UAE., OPf. VI, 406, Esquipagen OPf. VI, 380. fz.
equipirt BE. 189, UAE. fz.
Equipirung BE. 18, 56, 62, 63, 71, 71 (+ 1). fz.
eradiciret UAE. — eradicare — eradiciren, auswurzeln, ausrotten.
eremitage Simpl. 882. fz.
ergo Dr. ä. E. 83, JdE. 118, Coll. (2).
ἔργον Dr. ä. E. 149. gr.
erroribus BE. 78, errores KL. III, 76 — error — Irrtum; vgl. Erratum, Irrtum, Druckfehler.
erudite FK. — erudire — erudiren, unterrichten, lehren.
Eruditiou Dr. ä. E. 29, 85, 185 etc., ThB., SpH., KF. — eruditio, gen. -onis — Erudition, Gelehrsamkeit, Unterricht, Unterweisung.
Escadre BE. 72 — escadre — Eskadre, ein in einem Viereck aufgestellter Haufe, Geschwader, Schiffsgeschwader. fz.
Esquadrouen Simpl. 295, Esquatronen Spring. 218.
Esse (= Zustand) RPl. 331, KL. IV, 47 — esse — Esse, Sein, Wohlsein.
est GW. — 3. sing. praes. indic. v. esse — sein.
Estat (état) UAE. — altfz. estat — Etat, Stand, Zustand, Überschlag, Vermögensstand, Rechnung, Liste, Staat fz.
Estime LL., OPf. VI, 16 — estime — Estime, Achtung, Hochachtung; Berechnung, Schätzung (einer Entfernung).
estimieren HW., gestimiert (auf 6 florin ge-estimirt, geschätzt), HPh. 164, OPf. VI, 32, 349,33; vgl. aestimari, gelten Schott. fz.
établirt FK. fz.
états(-Rath) KF. I, 488. fz.
euentum KL. III, 53 = eventum — eventus — Eventus, Ausgang, Erfolg.
evacuation UAE., Coll. — évacuation — Evacuation, Ausleerung, Räumung. fz.
evacuiren UAE. — évacuer — evakuieren, ausleeren, räumen, abführen. fz.
Evantail BE. 58 für Éventail — éventail — Eventail, Fächer, Wedel. fz.
Eventual(schluß) GW.
eventuell UAE. fz.
Eventus UAE., KL. IV, 58; s. euentum.
evittiren OPf. VI, 493 — éviter — meiden, ausweichen. fz.

ex UAE., BE. 181, 208 — ex — von, aus, heraus, hervor.
herab.
exacerbiret WVSS. 153, KL. II, 69 — exacerbare — exacerbiren, erbittern, schlimmer werden.
exacte OPf. VI, 107.
Exactionen GW. — exactio, -onis — Exaction, Erpressung, Erzwingung.
exaggeriren UAE., exagiriret Büch. 49, 50, 53, 55, 56 — exaggerare — exagerieren, vergröfsern, übertreiben.
exakte BE. 50, 320, 358, OPf. VI, 33.
exaltiret UAE. fz.
*Examen Dr. ä. E. 81, JdE. 556, Coll.
examination Dkw. 82.
examinatorium FK., Stud. 454, 461 — nlt. examinatorius, a, um — examinatorisch, eine Untersuchung, Prüfung betreffend.
examiniren ThB., BE. 342, OPf. VI, 350; OPf. VI, 160.
Examinirung BE. 340.
Excellenz BE. 77, 77, 87, 87, JdE. 417, 700, UAE.
excedirt Stud. 499 — excedēre — exzedieren, herausgehen, abschweifen, überschreiten, übersteigen.
excellent JdE. 417, OPf. VI, 349.
Exceptionibus Dr. ä. E. 102, Exception 153, -es 154, Stud. 457 — exceptio, gen. -onis — Exzeption, Ausnahme, Einrede, Verantwortungsschrift des Beklagten.
excerpiren Dr. ä. E. 111 — excerpēre — exzerpieren, auszupfen, -wählen, -pflücken, -ziehen, einen Auszug machen.
excerpta FK. — excerptus, a, um — Excerpt, Auszug (aus Büchern etc.).
Exesgen Dr. ä. E. 160 (?) < excessus, Excefs, Exzefs, Überschreitung, Unfug.
Excesse GW., Dr. ä. E. 120.
excessiv UAE. fz.
excipirt UAE., Coll. (5) — excipere — excipieren, exzipieren, herausnehmen, -ziehen, ausnehmen, eine Ausnahme machen.
excitat Dr. ä. E. 88 — excitatus — Excitat, eigtl. Aufgeforderter; Rspr.: Gemeinschuldner.
excitirt Dr. ä. E. 88 — fz. exiter — lt. excitare — excitiren, exitiren, erregen, reizen, anreizen, anfeuern, aufwecken. fz./lt.
excludieren UAE., KL. III, 22 — excludēre — exkludieren, ausschliefsen, -nehmen, absondern.
excoliren FK. — excolēre — excoliren, aussieben, durchseihen.

Excolirung LL. < excoliren, s. d.
excommunicandi BE. 361, JdE. 336, 533 — excommunicare
— exkommunizieren, aus der Kirchengemeinschaft ausschliefsen, in den Bann tun.
excommunicationen KL. II, 18 — excommunicatio, gen.
-onis — Exkommunikation, Ausschliefsung aus einer kirchlichen Gemeinschaft, Kirchenbann.
Excommunicirten JdE. 671 < excommunicare, exkommunizieren.
exculpiren Stud. 449 — ult. exculpare — exculpiren, entschuldigen, rechtfertigen.
excurrirt Coll. — excurrere — excurriren, herauslaufen, schnell hervorkommen, hervorragen, darüber sein.
excusationem UAE., KL. II, 23 — excusatio, gen. -onis — Excusation, Entschuldigung.
excusiret UAE. — excuser — excusiren, entschuldigen, verzeihen, Nachsicht haben. fz.
execution BE. 53, UAE., Dr. ä. E. 136, JdE, 110, KF. I, 493, OPf. VI, 39 — exécution — Exekution, Ausführung, Vollziehung, Vollstreckung eines Urteils. fz.
Executor BE. 115, P. u. L. 93, executori UAE., Coll. — exsecutor — Exekutor; Executeur (< fz. exécuter), Ausführer, Vollstrecker, Scharfrichter, Henker.
exegetica FK., SpH. — exégétique — exegetisch, erklärend, zur Auslegung gehörig. vgl. Exeget, Bibelerklärer. fz.
Exempel UAE., Exempla Coll. (9), exempl KL. II, 14, 114, OPf. VI, 51. (= Beispiel Harsd.), OPf. VI, 45.
Exemplare BE. 64, 64, Exemplaria Dr. ä. E. 28; vgl. Schott.
exemplariter BE. 208 — adv. v. exemplum — exemplarisch, musterhaft; warnend, abschreckend.
exempt Coll. — exemptus, a, um — exempt, exemt, eximiret, ausgenommen, befreit (dienst-, steuerfrei).
exequendi < exequi, exsequi — exequieren, exekutieren; s. exequiret.
exequiret AsB. 194, exequiert UW., Dkw. 23, KL. III, 76 — exequi, oder wichtiger exsequi — exequieren, exekutieren, ausführen, vollziehen, vollstrecken (einen Befehl), eintreiben (eine Schuld), pfänden, auspfänden.
Exequirung BE. 40 < exequiren — exequi, exsequi; exequiret.
exercirt Dr. ä. E. 81, 86, BE. 25, UAE. fz.
Exercitien Simpl. 28, -iis RPl. 310, -ii Spring. 207, 248, P. u. L. 110, exercitium Dr. ä. E. 83, exercitium Styli 86, exercitum BE 365, UAE.

ex Facetiis Pennalium Büch. 18 — ex, s. d. — facetiae, Scherze, Spässe, Schwänke — nlt. pennale, Federköcher, -büchse; in der Studentenspr. im 16., 17. Jahrh. ein junger Student, Fuchs, jetzt: Schüler des Gymnasiums; daher „ex Facetiis Pennalium" von Schüler-, Studentenscherzen, oder aus etc.

ex Fatis et Influentiis Ges. 182. — ox s. d. — fatum, Schicksal, Verhängnis, seltsame Begebenheit — nlt.; Influenz, Einflufs, Einwirkung etc.

exhalationes Dr. ä. E. 160 — exhalatio, gen. -onis — Exhalation, Aushauchung, Ausdünstung, Dampf, Dunst.

exhausto Coll. — exhaustus, a, um < exhaurire, herausziehen, leeren, auftrinken, schöpfen, erschöpfen, beenden.

exhibieren WVSS 275 — exhiber — exhibieren, heraushaben, -halten, -geben, überliefern, einhändigen, ausstellen. fz.

Exil BE. 45, 46. fz.

Eximenten Coll. '3' < eximiren; s. eximiret.

eximiret UAE., Coll. (2) — eximēre — eximieren, ausnehmen, herausnehmen, wegnehmen, befreien.

Existenz UAE. fz.

Existimation GW., KL. III, 22 — existimatio, gen. -onis — Existimation, Meinung, Schätzung.

existirt LL.

ex Officio Vog. I, 407, Dr. ä. E. 203 — ex s. d. — officium, Officium, Offizium, Offiz (plur. -cien, -zien), Dienst, Amt, Pflicht, Amtsverrichtung, Dienstleistung.

Exorbitanten GW. — exorbitant — Exorbitant, einer, der übertreibt; vgl. exorbitant, Exorbitanz. fz.

exorbitierende Coll. — nlt. exorbitare — exorbitiren, überschreiten, über die Schnur schlagen, übertreiben.

Exorcismo Simpl. 362 — εξορκισμος, lt. exorcismus — Exorzismus, eigtl. (nach dem Griech.) Schwörenlassen, Vereidigung, dann (nach dem Lat.) Teufelsbeschwörung, -bannung, Austreibung. gr./lt.

exorciren Simpl. 361, exorcisiret 677 — nlt. exorcizare — exorzisieren, einen Eid schwören lassen, ver-, beeidigen, die bösen Geister beschwören, austreiben, bannen.

Exorcist Simpl. 677, 678 — εξορκιστης, lt. exorcista — Exorzist, Beschwörer, Teufels-, Geisterbeschwörer, -banner. gr./lt.

Exordium JdE. 253 — exordium — Exordium, Eingang einer Rede, Einleitung, Vorbereitung.

Expectanten Dr. ä. E. 184 — expectant < lt. exspectans, gen.- tantis — Exspektant, ein Wartender, Hoffender, Anwärter. fz.

Expectantz Dr. ä. E. 185, 186. Exspectanz KL. II, 87 — exspectantia — Exspektanz, Anwartschaft.
expediens Dr. ä. E. 106 — expediens, gen. -entis, part. praes. v. expedire, losmachen, versenden, ausrüsten, den Garaus machen.
*expedirt Simpl. 174, BE. 126, 178, 261, 335, UAE.
*expedition Dr. ä. E. 123, 216.
expensen GW. — expensae (pecuniae), plur. expensa (pecunia, Geld) — Ausgaben, Kosten.
Experientz Simpl. 1043, -nce GW., -z KL. III, 22 — expérience — Experienz, Erfahrung, Probe, Versuch. fz.
expisciren WVSS. 64, 64 — expiscari — expisciren, ausfischen, -forschen.
expliciren OPf. VI. 314.
Expostulation KL. II, 30 — expostulatio, gen. -onis — Expostulation, Beschwerde über jemand, Streit.
expostulirte Dr. ä. E. 11 — expostulare — expostuliren, streiten, zanken, hadern.
expraticirte Simpl. 697 = er practicirte GK. — fz. pratiquer, mlt. practicare — praktizieren, ausüben, treiben, betreiben. fz./lt.
exprefs BE. 77, 284, 298, 302, 308, 317 (+ 21), KL. IV, 14.
Expresser BE. 186, 191, 229, 254, 260, 285 (+ 3).
expressionen ThB. — expression — Ausdruck, Darstellung, Farbengebung. fz.
expressis BE. 310, -um UAE., OPf. VI, 359, 374.
Expressungen BE. 359.
exprimiret UAE. — exprimer — exprimiren, auspressen, -drücken, beschreiben, darstellen, schildern. fz.
expromissores UAE. — expromissio, gen. -onis — Expromission, Übernahme einer fremden Bürgschaft oder Verbindlichkeit.
exsolutum Coll. — exsolutus, um < exsolvěre, auflösen.
extempore Dr. ä. E. 79.
extendirt Dr. ä. E. 162, Coll. (3), extentirt KL. II, 14, 61 — extendere, extendiren, ausdehnen, -strecken, -spannen, sich erweitern, vergröfsern, fortpflanzen.
externa inspectio Dr. ä. E. 86 — externus, a, um, extern, äufserlich, ausländisch, fremd, von aufsen — inspectio, gen. -onis, Inspektion, Betrachtung, Beaufsichtigung, Aufsicht; daher: externa inspectio, Betrachtung von aufsen etc.
extorres Coll. — extorris, e — aus dem Lande verwiesen, verbannt.
Extra Simpl. 1086, extra (propositum) KL. III, 135.
Extract GM. 277, Dr. ä. E. 107. FK., ThB.

extrahirt EwC. 288, Vog. I, 368, Büch. 32 — extrahëre — extrahieren, herausziehen, einen Auszug machen.
Extraordinari (— Freund) P. u. L. 749, UAE., Z. RB. 16, -aire KF. I, 285 — extraordinarius, a, um — extraordinär, aufserordentlich, aufsergewöhnlich.
Extrema GW., BE. 275.
Extremität Ges. 324, Dr. ä. E. 749, UAE., BE. 265.
Exulanten Spring. 255 — exulans, gen. -antis — Exulant, Vertriebener, Verbannter, Ausgewanderter.
exulirenden Cour. 130, UAE. — exsulare — ex, exsuliren, entfernt vom Vaterlande leben, umher irren.
ex usu Dr. ä. E. 83 — ex s. d. — usus, a, um. part. perf. v. uti — Gebrauch, Herkommen, Gewohnheit; daher: ex usu, aufser Gebrauch.

fabulirt Dr. ä. E. 95.
Facilität BE. 40, 55 — facilité — Facilität, Leichtigkeit, Gefälligkeit, Umgänglichkeit. fz.
facilitiret UAE., KL. III, 7 — faciliter — facilitiren, erleichtern, leichter machen, befördern. fz.
Facilitirung WVSS. 141 < facilitiren. s. d.
Facit Simpl. 454, KJ. 760. — facit — Facit, Fazit,· es macht, Ergebnis der Berechnung, Schlufssumme, -wirkung.
façon BE 270. fz.
facti UAE., -to KL. III, 13.
Factiones Büch. 51, UAE., Faktionen BE. 100.
Factor Simpl. 630, 631, 634, 893 etc. Dr. ä. E. 74, UAE.
factotum Simpl. 660, Faktotum BE. 100.
Facultät Dr. ä. E. 35, 36, 107, 107, Fakultäten Coll.
Faktum BE. 62, 78, 86.
falatiret Büch. 32 (?) = falliret < fallire, fallieren, zahlungsunfähig werden; betrügen; vgl. fallatore, -trice. it.?
Falliments(Sachen=) Simpl. 511. it.
falsae Coll. — falsus, a, um — erdichtet, falsch.
Familia EwC. 208, Spring. 260, D u. A. 4, familie Dr. ä. E. 134, JdE. 610, familiae Coll.
familiar(=Geist) GM. 281.
Famulum Vog. II, 64, Famili Büch. 13, Stud. 461, -us Dr. ä. E. 44, 74.
Fantaesterey Ges. 94. gr.
Fantasien Dkw. 75. gr.
*Fantast Dr. ä. E. 31. gr.
fas et nefas Dr. ä. E. 154 — fas et nefas — Recht & Unrecht, Erlaubtes & Unerlaubtes.
fasciculo Simpl. 222, Th. B. — fasciculus, a, um — Fascikel, Faszikel, Bündel, Bund, Paket, Sammlung, Heft.

fascinas GM. 295 — fascina — Faschine, Reis-, Strauchbündel.
(de) fasta KL. II, 17. — fastus, a, um (mit dies gebraucht) —
  bestimmter Tag, Hoftag, günstiger Tag; vgl. fasti. -orum,
  Annalen etc.
fatale UAE, KF. I, 493. fz.
Fatales periodes Ges. 182 — fatal, -le, fatal, verhängnisvoll,
  unglücklich, unheilbringend, unausstehlich — période,
  Periode, Gang, Umweg, Kreislauf, Zeitraum; daher: fatales
  periodes. verhängnisvolle Zeiten. fz.
fatiguen LL. — fatigue — Fatigue, Beschwerde, Mühseligkeit,
  Anstrengung.
fatum Simpl. 736. (= Schicksal.)
favorable UAE. — favorable — favorabel, günstig. fz.
favores Ges. 19, UAE., fauor KL. II. 16, favor KL. II, 24, 60
  — favor — Favor, Gunst, Gewogenheit, Begünstigung,
  Wohlwollen, Güte, Milde, Gefälligkeit; vgl. Faveur < fz.
  faveur = favor.
Favörgen Dr. ä. E. 33; vgl. favores.
Favorirten (?) UAE. für Favorisirten < favorisiren s. favorisiret.
favorisiret UAE., Coll., KL. III, 7, 19 — favoriser — favori-
  sieren, begünstigen. fz.
Favoriten Simpl. 758, Favorit RSt. 345, P. u. L. 50, UAE.,
  Coll., OPf. VI, 59 — it./sp. faverito — Favorit, Günstling,
  Liebling. it./sp.
Febricitanten Simpl. 590, -tenten KJ. 767 — fébricitant, -te
  — Febricitant, Fieberkranker. fz.
fede, fidei ThR., (de) fide KL. II, 13 — fides — Treue,
  Glauben; vgl. in fidem, zur Beglaubigung.
felicitatis HPh. 310 — felicitas, gen. -tatis — Felicitas, ver-
  götterte Glückseligkeit bei den Römern.
fermirn HW., KL. IV, 20. — fermer — zumachen, zutun,
  verschliefsen. fz.
festivität Vog. II, 151.
Festum (Bartholomäi) JdE. 302.
feu OPf. VI, 13 — feu, e — verstorben. fz.
feudi UAE. — mlt. feudum, foedum — Feudum, Lehn, Lehngut.
fidditatis (?) BE. 361 für fidelitatis, gen. -tatis — Fidelität,
  Treue, Heiterkeit. Frohsinn.
fideliter Dr. ä. E. 132, WVSS. 221, 258 — adv. v. fidelis, e
  — fidel, treu, zuverlässig, ehrlich, lustig, heiter.
fidelissimum WVSS. 253 — superl. v. fidelis, e; s. fideliter.
Fidibus Simpl. 1042, Dr. ä. E. 158. Stud.
Fignr GM. 280, 294 etc.
figural Ges. 50 — nlt. figuralis, e — figural, mit Figuren ver-
  sehen (in der Musik).

filium WVSS. 255.
filoux OPf. VI, 416 — filou — Spitzbube, falscher Spieler. fz.
final UAE.
finances UAE., OPf. VI, 417 — finances — Finanzen, Staatseinkünfte, Vermögensverhältnisse einer Privatperson. fz.
Finesse BE. 246, 274, 277. 308. fz.
fingirte Coll. — fingĕre — fingieren, erdichten, annehmen, vorgeben.
finistré WVSS. 229 (?) für finistar, altsächsisch für althochd. finstar, mhd. vinster, nhd. finster. fz.?
Firmament P. u. L. 206, Dr. E. 157 (== Himmelfeste Harsd.). fz.
firmiren WVSS. — lt./it. firmare — firmieren (nach dem Lat.) befestigen, stärken, bekräftigen, bestätigen, (nach dem Ital.) unterschreiben, den Handlungsnamen unterzeichnen. lt./it.
Fisco Simpl. 945, KF. I, 488, fiscum FK.
Fiskal Coll. (4).
Fiskalijche Coll.
fistulirte Dr. E. 103 — nlt. fistulare — fistulieren, durch die Fistel singen; vgl. fistulare, pfeiffen Schott.
fix Simpl. 345, WVSS. 281.
(in) fixo JdE. 306 — fixus, a, um — fix, fest, bleibend, unbeweglich, beständig, bestimmt. (in der Umgangssprache auch) rasch, flink, gewandt.
(in) flagranti JdE. 436 — in flagranti (crimine) == fz. en flagrant — während der Begehung des Verbrechens, auf frischer Tat.
flamine Cour. 95 — flamen, plur.: flamines — Flamen, altrömischer Priester irgend einer einzelnen Gottheit. vgl. Flamen Dialis, Priester des Jupiter.
flattire OPf. VI, 317 — flatter — schmeicheln, liebkosen, mildern. fz.
flectiren HW.
Flor Cour. 57, floro WVSS. 189, Coll.; s. floribus.
(in) floribus Simpl. 422 — flos, gen. floris — Flor, Zeit des Blühens, Zustand des Gedeihens, Wohlstand (eines Geschäfts), Blumenmenge.
floriren P. u. L. 278, JdE. 533, Coll.
flumen Coll. (3) — flumen — Flufs; vgl. flumen dicendi, Redeflufs.
Fluvium (Sabbathicum) Simpl. 755 — fluvius — fliefsendes Wasser, Flufs, Strom.
foederis BE. 211. — foedus, gen. -eris — Bund, Bündnis, Vergleich, Vertrag, Übereinkunft.

fomentireu GW., BE. 49, ThB. — fomenter — fomentieren.
    bähen, durch warme Umschläge stärken, nähren, erhalten.
*foppen Simpl. 90, 401, 438, 464, 767 etc. Dkw. 94. Gaun.
Forastier JdE. 639 (?) = Forestier — forestier — Forestier,
    Förster, Forstmeister, -bediente. fz.
force (forza) UAE. — force — Force, Kraft, Stärke, Macht,
    Zwang, (im Kartenspiel) ein Blatt, das nur mit einem
    Trumpf gestochen werden kann, Gegensatz zu Fausse. (fz. it.)
forciren UAE. — forcer — forcieren, erzwingen.
formâ JdE. 199, UAE., BE. 197, 206, 248, 272, 336. vgl.
    formam artis Schott.
formaliter GW. — adv. z. formalis, e — formal, formell, die
    Gestalt betreffend, förmlich, feierlich.
formatum WVSS. 256, 266 — formatus, a, um — Form, Format,
    Gestalt, Gröfse u. Breite eines Buches, des Papiers u. dgl.
formidable UAE. — formidable — formidabel, grausig,
    furchtbar, fürchterlich, schrecklich. fz.
formirt Simpl. 55, 75 etc. JdE. 389, 641, BE. 260, 352, UAE.,
    OPf. VI, 346.
formosâ JdE. 199.
Formulae Concordiae Büch. 33, F. Ordinationis Büch. 33.
Foro JdE. 654.
Fortifications(wesen) Simpl. 27, Fortification Simpl. 785.
    (= Festungsbaukunst Schott.)
fortificirten StM. 795, UAE.
Fortun Simpl. 110, 467, -nam Ges. 232, Fortune UAE., -na
    HPh. 35. fz. lt.
Fourage Simpl. 258, 259, 314, Fouragi UAE. fz.
fouragirn Simpl. 258, -iren Simpl. 600, 787. fz.
Fourgierer Simpl. 258, 276, 315. fz.
*Fourier(schützen) Simpl. 206, 209, 306, Fourors 559, Forier
    Spring. 245, 252. fz.
Frater Vog. II, 195, JdE. 371, 466.
fraudem BE. 224 — fraus, gen. -fraudis — Fraus, Arglist,
    Hintergehung, Betrug; vgl. f. optica, Gesichtstäuschung,
    f. pia, frommer, wohlgemeinter Betrug.
Fregatten BE. 150, 295. fz.
Frère BE. 79 — frère — Frére, Bruder. fz.
fricasséu OPf. VI, 415. fz.
frisiren Dr. ä. E. 85. fz.
frivolae Coll. — frivolus, a, um — frivol, eitel, nichtig, ge-
    haltlos; kleinlich, kleingeistig; leichtsinnig, schlüpferig.
froid OPf. VI, 405 — froid; s. froitement. fz.
froitement WVSS. 188 < froid — froid, kalt, kaltsinnig. fz.
frontieren WVSS. 283 — to front — voran sein, voran-

stehen; gegenüberstehen, begegnen, von vorn angreifen;
die Stirn bieten, trotzen. e.

ructus Coll., HW. — fructus — Nutzung, Nutzen, Vorteil,
Ertrag, Frucht.

frustriret ThB. — frustrer — frustriren, in der Erwartung
täuschen, hintergehen, vereiteln, nutzlos machen. fz.

fulgur (expelvi) Büch. 28 — fulgur, gen. -ris — Blitz, Schein,
Schimmer, Glanz; vgl. Fulgurit, Blitzröhre.

Function Dr. ä. E. 176, UAE. vgl. functio, Amt Schott.

fundatione KL. IV, 34, Fundation KJ. 767 — fundatio, gen.
-onis — Fundation, Gründung, Grundlegung, Stiftung,
Vermächtnis.

fundator KL. III, 151 — fundator — Fundator, Gründer,
Grundleger, Stifter, Erbauer.

Fundamenta Simpl. 491, 874, P. u. L. 276, BE. 48, 159, 181, 197,
274, 328 (+1).

Fundamental(gefeße) BE. 159.

fundamentaliter Dr. ä. E. 88 — adv. v. nlt. fundamentalis,
e — fundamental, grundlegend.

(wohl)fundirter Vog. II, 225, Coll. (2), KL. II, 18 — fundare
— fundieren, gründen, begründen, stiften, vermachen.

fundum BE. 49, 333 — fundus — Grund, Boden, Grundstück,
Landstück.

funeralia Simpl. 87 == funeraria — funerarius, a, um —
Funeralien, Funerarien, Beerdigungsanstalten, Begräbnis-
kosten, -feierlichkeiten.

Furi Simpl. 95, 661, 798, (in) furia KL. IV, 15, Furie KJ. 692,
AsB. 79, Dkw. 113 — lt. furia, fz. furie — Furie, Wut,
Raserei; Göttin der Wut, Rachegöttin; boshafte, rach-
süchtige Frau. lt./fz.

furiosi Dr. ä. E. 33, furioso JdE. 432 — furiosus, a, um —
furiös (<fz. furieux), wütend, rasend, hitzig, grimmig, heftig.

furiosifche JdE. 44, GW.; s. furiosi.

(ein)furirten Ges. 18. — furiare — wütend, erzürnt, aufser
sich sein. it.

futura BE. 367, in futuram oblivionem Stud. 459. — futurus,
a, um, part. fut. v. esse — künftig, zukünftig; zukünftige
Zeit. Zukunft.

Gage Simpl. 579, Dr. ä. E. 40, Coll. — gage — Gage, Pfand,
Unterpfand, Lohn, Besoldung, Gehalt, Löhnung, Sold. fz.

Galan Dr. ä. E. 75. fz.

Galant JdE. 104, 189, — Huomo JdE. 632. fz./it.

Galanterie AsB. 60, UAE., OPf. VI, 9. fz.

gallanisiren JdE. 554 (?) < Galan, Liebhaber, Buhle, Verliebte. fz.

gallante Simpl. 291, OPf. VI, 444. fz.
gallerie AsB. 70. it.
galloppiret Dr. ä. E. 23. fz.
*galloupp AsB. 169. fz.
Garantie BE. 148, 159, 160, 267, 302, 322 (+ 2). fz.
garantiren UAE., BE. 303. fz.
Garde BE. 168, 193, 221, 301, OPf. VI, 9. fz.
Garderobe OPf. VI, 313. fz.
*Gardine BE. 184. ndl.
Garnisonen BE. 361, UAE. fz.
gazetten OPf. VI, 444 — gazette — Zeitung; trockene Erzählung; Klatschblase. fz.
Gelosia UAE. — gelosia — Jalousie (< fz. jalousie), Eifersucht, Scheelsucht; Fenstergitter. it.
geminiret UAE. — gemiuare — geminiren, verdoppeln, verzweifachen.
genealogie OPf. VI, 349. gr./lt.
genealogifchen ThB. gr./lt.
General Simpl. 308, 321, 351, 600, 766 etc. Generalin Cour. 134.
 BE. 188, 290, 290, 295, 299, 304 (+ 2), general (generaux) UAE., generali KL. IV, 20. fz.
Generalat WVSS. 309, 319, 321. fz.
generalia WVSS. 127, 167, 268, 309 — generalis, e — general, generell, die Gattung betreffend, dazu gehörig, allgemein.
Generalissimus BE. 221, HW., RPl. 321.
Generalität Simpl. 286, 426, 586, 591 etc. HW., generalitet Coll. fz.
generaliter RPl. 330, UAE., KL. III, 16 — adv. v. general; s. generalia.
general OPf. VI, 22 — generalis, e; s. generalia.
generall Coll. (3) für general, generell; s. generalia.
genere BE. 81, ThB., KL. III, 17. — genus, gen. -eris — Genus, Geschlecht, Stamm, Gattung, besonders Sprachgeschlecht, Geschlechtsform der Wörter.
genereuse BE. 327 — généreux, se — generös, edel-, grofsmütig, freigebig.
generirt Simpl. 766 — generare — generiren, hervorbringen, erschaffen, erfinden, erzeugen.
Generosa Coll., Generosum Büch. 27.
Générosité Dkw. 187 — générosité — Generosität, Edelmut, Grofsmut, Uneigennützigkeit; Freigebigkeit. fz.
generositet OPf. VI, 107 — generositas, gen. -tatis — Generosität; vgl. Générosité.
Genitivi JdE. 300, -vum JdE. 390.
Genius BE. 205.
gentilhomme OPf. VI, 316. fz.

gentillisso für gentillesse OPf. VI, 55 — gentillesse — Anmut, Kunststück etc. fz.
gentium, BE. 203 — gens, gen. gentis — Nation, Rasse, Land, Gegend.
genus ThB. vgl. Geschlecht = genus, im grammatischen Sinne, Schott.
geographicum FK., Stud. 458. gr.(lt.)
giornata HPh. 25 (< giorno < lt. diurnus, a, um, eigtl. täglich, dann: Tag) — giornata — Tagesarbeit, -gewinn, -reise, Periode, Leben. it.
gloriosissimae Coll. — superl. v. gloriosus, a, um — glorios, glorreich, ruhmvoll, herrlich; prahlerisch; vgl. gloriös < fz. glorieux, -euse.
glorirt Vog. II, 227 — gloriari — gloriiren, prahlen.
Glory Simpl. 132, Glori D. u. A. 96, Glory JdE. 248, 473, 626, 684, Glorie BE. 343.
Gouvernements BE. 147, 172, 192, 312, 346, 366 (+ 4), OPf. VI, 417, 353. fz.
Gouverneur Simpl. 196, 197, 200, 202, 212, Dr. ä. E. 106, 106, BE. 72, 193, 194, 200, 212, 218 (+ 14). fz.
gouvernirt OPf. VI, 374. fz.
Gradum Simpl. 852, Büch. 27.
Grammatic Büch. 13, 55, Dr. ä. E. 83, FK., Sprachkunst, -lehre Schott.
Grammatici Simpl. 780.
Grammaticorum JdE. 286.
Grammatist JdE. 372.
grand OPf. VI, 6 — grand — grofs, erwachsen, stark. fz.
Grandeur UAE., OPf. VI, 32. fz.
Grandezza Simpl. 259, grandeza KL. III, 24, IV, 9, Dr. ä. E. 121. sp.
grassiret WVSS. 326, Coll.
gratias Coll. (5) — gratias, accus. plur. v. gratia — Dankgebet, -lied; vgl. gratia, Gnade Schott.
gratificiren UAE.
gratuliren UAE.
gravaminum GW., KL. II, 16, 70 — gravamina, plur. v. gravamen < gravare — Gravamen, Beschwerlichkeit, Beschwerde; vgl. gravaminiren < nlt. gravaminare, sich beschweren.
Gravatis Coll. — gravatus < gravare — Einer, der sich beschwert, auch einer, der eines Verbrechens beschuldigt wird, Beschuldigter, Verdächtiger.
gravirt P. u. L. 93, UAE., BE. 231.
Gravität Simpl. 26, Ges. 137.

gravitetijd) Vog. I, 424, TM. 385, 413, P. u. L. 108, Ges. 189, gravitätijdjen AsB. 52, HPf. VI, 313.
grimasses Dkw. 162; OPf. VI, 444. fz.
Guarautie (Garantie) UAE. fz.
guarantigiae UAE., vgl. Guareutie, Garautie, Bürgschaft. altit.?
guardi (in Seib-guardi) Simpl, 758, Quarti Simpl. 898 (Guarde GK.), Guarde WVSS. 117, 157. fz.
*Guarnison Simpl. 200, 352, 389, 416 etc. Quarnison Spring 233, WVSS. 303, Coll. fz.
Gubernator Simpl. 112, 123, 125, 135, 139 etc. Gubernators 720, KL. III, 52.
guberniren UAE — gubernare — leiten, regieren, vorstehen, besorgen, Aufsicht über etwas führen; vgl. gouvernieren < fz. gouverner.
guerre UAE. — guerre — Krieg. fz.
Guineen BE. 298. afz.
gusto (et contento) KL. II, 336 — gustus — Gustus, Geschmack; vgl. de gustibus non est disputandum, über den Geschmack ist nicht zu streiten.
Gymnasii FK.

habilern WVSS. 141, comp. v. habil — habile — habil, handlich, leicht, bequem, geschickt, tauglich. fz.
habilitirt BE. 237, FK. fz.
Habit Simpl. 118, 125, 541, 679, 881 etc. D. u. A. 42, KJ. 663, OPf. VI, 6 — habit — Habit, Kleid, Tracht, Anzug. fz.
habitation Coll., KL. III, 152 — habitation — Habitation, Wohnung, Wohnungszins, Hausmiete. fz.
habitual ThB. = habituell — habituel, -elle — habituell, zur Gewohnheit geworden, eingewurzelt. lt./fz.
Habitum JdE. 418, Habitus ThB., FK. — habitus, a, um, part. perf. pass. v. habere — Habitus, äufsere Gestalt, Leibesbeschaffenheit; Haltung, Benehmen, Kleidung, Tracht.
Haeredität UAE. — hereditas, gen. -tatis — Hereditat, Erbschaft.
Harmoniam Simpl. 266, 782, WVSS. 268.
hautte (für haute) OPf. VI, 46 — haut, e — hoch, erhoben, aufrecht, laut. fz.
bazard BE. 168, hasart HW. fz.
Hazarde Cour. 46. fz.
hazardirt Spring. 212, WVSS. 256. fz.
Hazardirung BE. 261. fz.
hebraïcum FK. — hebraïcus, a, um — hebraïsch; Hebräer, Kenner oder Lehrer der hebräischen Sprache.
Hemispherio StM. 325. gr.

herba UAE.
heroïne OPf. VI, 48 — heroïne — Heldin, Hauptperson. fz.
heure UAE. — heure — Stunde. fz.
Hexecution (?) Ges. 377 == Execution, Exsecution — executio,
gen. -onis — Ex-, Exsecution, Ausführung, Vollziehung,
gerichtliche Verfolgung, Bestrafung.
Hieroglyphicas Simpl. 780, Hieroglyphick KJ. 667. gr.
hinc BE. 210, 370. — hinc — von hinnen, von hier weg,
hieraus, daher, fern etc.
hipocondrijdje JdE. 296. gr.
Historiam Simpl. 278, Büch. 10, 12, 53, BE. 84, LL., FK., -i
Z.RB. 21, 23, histoire OPf. VI, 381, historger OPf., VI, 346.
historice ThB., FK. — historicus, a, um — historisch, ge-
schichtlich, geschichtsmäfsig.
Historico P. u. L. 151, -cus D. u. A., Dr. ä. E. 82, 79, 87, Stud.
458, -ci Z.RB. 8, -cos 316, -cis 17.
hoc ThB. — hoc, nom.. accus. neutr. v. hic dieser, haec diese
— dieses; vgl. hoc, ablat. von hic & hoc.
homileticis FK. < $\delta\mu\iota\lambda\eta\tau\iota\varkappa o\varsigma$, η, ov — gesellig, umgänglich;
Homiletiker, Gesellschafter, Zuhörer, Schüler; (in der
Kirchenspr.) Lehrer & Ansüber der Homiletik; vgl. Homilet
< $\delta\mu\iota\lambda\eta\tau\eta\varsigma$.
homines Coll. — plur. v. homo — Mensch, Mann.
honestum Büch. 7, Stud. 462 — honestus, a, um — honest,
ehrlich, achtbar, anständig, schön.
Honneurs UAE., OPf. VI, 313. fz.
honorabel LL.
Hora (Martis) Simpl. 394, 657, WVSS. 221, Horas Vog. I, 380,
horas sacras Ges. 93, horas et moras Dr. ä. E. 186 — lt.
hora, gr. $\omega\varrho\alpha$ — (nach dem Griech.) jede bestimmte Zeit,
besonders Jahreszeit, (im Lat. aufserdem) Stunde; vgl. plur.
Horen, Göttinnen der Jahreszeiten. lt./gr.
Horizont ThB. (= Gesichtskreis Harsd.) fz.
horologum FK. — $\omega\varrho o\lambda o\gamma\iota o\nu$ — Horolog, Horologium, Uhr.
Stundenzeiger. gr.
Horoscopum Ges. 97.
Hospital Coll.
Hostilität UAE. fz.
hujus UAE., abgekürzt: huj. (gen. mensis ist zu ergänzen —
hujus, gen. sing. v. hic (haec, hoc) dieser (diese, dieses)
— dieses Monats.
Humanioribus LL. — humaniora (nämlich studia), plur. v.
humanius, comp. v. humanum — Humaniora, menschlicher
machende Wissenschaften, besonders: alte, klassische
Sprachen & ihre Literatur.

humble Sch. 108 — humble — humble, bescheiden, gehorsam, ergebenst. fz.
Humor Simpl. 286, 743, 767, KJ. 802, Humeurs Spring. 209, -es JdE. 2, 2, Homour P. u. L. 277, Humores KL. II, 216, Humor OPf. 88,45; VI, 28, 346, 381. lt./fz.
hunc UAE. — hunc, accus. sing. von hic; s. hujus.
ὑπέρ (-klug) Dr. ä. E. 44 — ὑπέρ — darüber hin, -hinweg, jenseits; in Zusammensetzungen drückt es den Begriff des Übermäfsigen, Übertriebenen, Aufserordentlichen, der Steigerung aus. gr.
Hypotheca UAE. gr./lt.
hypothesi Coll., hypothesin Dr. ä. E. 81. gr./lt.
hypothicirt (in verhypothicirt) Simpl. 869 — ὑποτίθημι — untersetzen, -stellen, -legen, zugrunde legen, zur Grundlage machen, verpfänden, als Pfand annehmen, auf Pfand leihen, hypotheciren. gr.

id ThB., FK., GW., id est Simpl. 1044 — id das (der, die), das- (der-, die)jenige. —
idem Coll. — idem — eben derselbe, der nämliche; einer, der immer mit andern übereinstimmt, Jabroder.
Idiomate KL. IV, 14.
Ignoranten Simpl. 1042, Büch. 36, WVSS. 131.
Ignorantia JdE. 246 — ignorantia — Ignoranz, Unwissenheit, Dummheit.
ignoriren BE. 59, 194.
Ignoranz Simpl. 510.
ignoscendo KL. IV, 103 — ignoscere — ignosciren, etwas nicht kennen oder nicht kennen wollen, nicht mehr gedenken, verzeihen.
illegitime UAE.; vgl. illegitimus, gleichlos, echtlos, Schott. fz.
illo BE. 208.
illuminirt Simpl. 74, Dkw. 238.
Illustres (personae) KL. IV, 20 — illustre — berühmt. fz.
illustriert TM. 365. fz.
Imagination Simpl. 222 — imagination — Imagination, Einbildung, Vorstellung, Einfall, Grille. fz.
imaginirte Simpl. 1043, KL. III, 52, IV, 15 — imaginer — imaginiren, sich vorstellen, einbilden, wähnen, erdenken, aussinnen. fz.
imitandum Coll. — imitari — imitieren, nachahmen, -bilden, äffen.
imitirn Coll. (3) fz.
immatriculirten Coll.
immediate UAE., KL. II, 31 — immédiat, -ate — immediat, unmittelbar, augenblicklich, sofort. fz.

Immuniteten WYSS. 161, KL. II, 87, III, 12. — immunitas, gen. -tatis — Immunität, Befreiung von Diensten, Steuerfreiheit.

imparentiert GW. — imparentare — imparentieren, häuslich werden, derselben Familie einverleiben. it.

impatrionieren KL. IV, 74, impatroniren HW. — olt. < patronus, Patron, Schutzherr, Vorsteher, Gönner — impatroniren, impatronisiren, sich zum Herrn machen, in Gunst setzen.

impegniert GW., HW., KL. IV., 34 — impegnare — impegniert sein, verpflichtet oder verantwortlich sein.

Imperati GM. 278.

Imperator Simpl. 11.

imperfectiones KL. III, 76 — imperfectio, gen. -onis — Imperfection, Unvollkommenheit, Mangel.

imperii BE. 77, 78, KL. III. 77, IV, 70 — imperium — Imperium, Befehl, Macht, Herrschaft, Reich, Kaisertum.

impertinent BE. 104, 265. fz.

impouiren BE. 186.

Importanz Simpl. 356, 586, UAE. — importance — Importanz, Wichtigkeit, Bedeutung. fz.

importirn Coll., UAE., BO. 675. fz.

Importune (adj., Cour. 36, Spring. 165 — importun, -une — importun, unzuträglich, unbequem, unpassend, ungestüm, lästig.

importunirte Dkw. 72, UAE., KL. III, 134, OPf. VI, 38 — importuner — importuniren, beschwerlich fallen, belästigen, zudringlich sein. fz.

impossibile Coll. — impossibilis, e — impossible, unmöglich, untunlich.

impossibiliteten Coll. (5) — impossibilitas, gen. -tatis — Impossibilität, Unmöglichkeit.

Impostor JdE. 253, 466 — impostor — Impostor, Verleumder; vgl. Imposteur < fz. imposteur.

Impresen GW., HW., Impresa KL. III, 103, HPb. 5 — impresa — Unternehmen, Unternehmung. it.

impression Dr. ä. E. 31, impressiones ThB., impresion KL. IV, 71 — impression — Impression, Eindruck, Rührung, Einwirkung.

imprimirte UAE., KL. II, 332, III, 45 — imprimer — imprimiren, hinein-, an-, ein-, aufdrücken, einprägen, drucken.

improbirten UAE. — improbare — improbieren, mifsbilligen, verwerfen, tadeln.

Impromptu BE. 43; vgl. Imprompta, Tonstück aus dem Stegreif. MT. fz.

impugniert KL. II, 336 — impugner — impugnieren, anfechten,
bestreiten, bekämpfen. fz.
imputiret UAE. — imputer — imputieren, anrechnen, zuschreiben, beschuldigen. fz.
Inadvertenz KF. I, 488 — nlt. inadverteutia — Inadvertenz, Unachtsamkeit, Nachlässigkeit, Sorglosigkeit.
Inauditae Vog. II, 8 — inauditus, a, um — uner-, unver-, ungehört.
incaminiret UAE. — incamminare — incamminiren, in den Gang bringen, einleiten, anzetteln, anrichten.
Incident BE. 80 — incident — Incidenz, Ein-, Vorfall, Eintritt.
incidenter Coll., KL. III, 75 — adv. v. incident < incidens, gen. -tis, part. praes. v. incidēre — beifällig, -läufig, zufällig.
Incideutiones KL. III, 7. (?)
Inclination Dr. ä. E., 17, 75, -es 49, BE. 50, 52, 294, 594, OPf. VI, 24. 59.
inclinirt Cour. 27, Coll.
Inclusion BE. 56, UAE. — inclusio, gen. -onis — Inklusion, Einschliefsung, -sperrung, Inbegriff.
inclusive Spring. 183, BE. 367.
incognue OPf. VI, 410 für inconnue — inconnu, e — unbekannt. fz.
incommoda ThB. — incommodus, a, um — incommode, unbequem, lästig, beschwerlich.
incommodiren Dkw. 23, 25, 238 — incommoder — inkommodieren, unbequem fallen, -sein, plagen, belästigen, sich bemühen. fz.
Incompatible UAE. — incompatible — inkompatibel, unerträglich, unvereinbar. fz.
incompleten GW. fz.
Inconvenienten UAE. — inconveuieus, gen. -entis < conveniens, part. praes. v. convenire — inkonvenient, inkonvenabel, nicht übereinstimmend, unschicklich, ungehörig, ungelegen.
Incrementa Ges. 182 — incrementum — Incrementum, Increment, Wachstum, Zunahme.
inculpirn KL. III, 88 — inculper — inkulpieren, anschuldigen, beschuldigen, Schuld beimessen, bezichten. fz.
inde BE. 210, 370, 392. — inde — von dort, daher, danach, darauf, seitdem, von der Zeit an.
indebiti Coll. — indebitus, a, um — nicht schuldig, ungebührlich, ohne Befugnis.
indeficienter BE. 238 — indeficienter — fortwährend, aufhörlich.
indefinitum Simpl. 400.

indemnisatione BE. 83 — ult. indemnisatio, gen. -onis — Indemnisation, Schadloshaltung, Entschädigung.
indicieren KL. III, 27 — indicare — indicieren, iudizieren, bekannt machen, anzeigen, verraten (besonders dem Gericht, der Obrigkeit).
Indicio Büch. 41.
indifferent UAE. fz.
indifferenter BE. 77, 205, 340, KL. III, 35, adv. v. indifferent < indifferens, gen. -entis — indifferent, gleichgültig, unentschieden, teilnahmlos, kalt.
indignirt BE. 311 — fz. indigner, lt. indignari — indiguieren, (nach dem Lat.) etwas für unwürdig, unanständig halten, unwillig sein, (nach dem Franz.) unwillig machen, empören, entrüsten.
indirekt BE. 326.
Indisposition BE. 97 — indisposition — Indisposition, Unpäfslichkeit, Verdriefslichkeit.
indistinctam BE. 88.
individual ThB.
indivisam KL. II. 111.
Indulgenz KF. I, 488 — indulgence — Indulgenz, Nachsicht, Milde, Güte, Ablafs (in der Kirchenspr.).
Indulten UAE. — ult. indultus masc. & indultum neutr. — Indult, Bewilligung, Vergünstigung, Erlafs, Gnaden- oder Zahlungsfrist; Jahrmarkt.
industria SpH.
infama ThB., Stud. 504, infamis KL. II, 48 — infamis, e — infam, verrufen, berüchtigt, schändlich, unehrlich, abscheulich.
Infamiam KL. II, 47 — infamia — Infamie, Ehrlosigkeit, Schande, Niederträchtigkeit.
Infanterie BE. 52, 312, 317, 317, UAE. fz.
Infecta Vog. I, 249, BE. 24 — infectus, a, um — infect, angesteckt, verpestet.
inferi Vog. I, 344, — inferus, a, um — Inferi, Verstorbene in der Unterwelt.
Inferiores Coll. — inferior — Inferior, Untergeordneter, Untergebener.
inficirt Simpl. 513 — inficere — inficieren, infizieren, anstecken, verpesten, vergiften; vgl. infectieren < fz. infecter.
infima (et suprema Collega) Dr. ä. E. 97 — infimus, a, um, superl. v. inferus — Unterster, Letzter.
in floribus Ges. 329. < flor; s. d.
influenz GM. 214 — influence — Influenz, Einflufs, Einwirkung; vgl. Influenza < it. influenza, allgemeines Flufsfieber, Landschnupfen, Grippe. fz.

Information Dr. ä. E. 84, 87, 88, 94, Informations(=Sachen) 79, Informations(=Wesen) 85, UAE., BE. 35, 53, 63, 76, 80, 342, Stud. 452. KL. II, 24, III, 16. fz.
Informatores Dr. ä. E. 43,81,81, FK. — informator — Informator, Bildner, Lehrer, besonders Hauslehrer, Hofmeister.
informiren Simpl. 546, Büch. 10, 24, 29, Dr. ä. E. 27, 202, 216, UAE., KL. II, 23. fz.
infructuose BE. 41 — infructuosus, a, um — infructuös, ohne Früchte, frucht-, nutzlos; vgl. adv. infructuose.
Ingenieur Simpl. 686, 692, 785, BE. 72. fz.
Ingenium Simpl. 111, Coll., Ingenia EwC. 212, Büch. 14, LL., KL. III, 96, IV, 37 — ingenium — Ingenium, Naturanlage, angeborene Fähigkeit, natürlicher Verstand, Geist, Kopf, Witz; vgl. i. stupidum, Dummkopf, i. tardum, langsamer Kopf.
Ingeniosa Coll. — ingeniosus, a, um — ingeniös, witzig, sinn-, kunstreich, erfinderisch.
Ingredienzen BE. 241.
inhaeriret GW. — inhaerēre — inhärieren, an etwas hangen, -stecken, -kleben, anhaften.
inique Stud. 508 — inique $<$ in $+$ aeque — unbillig, ungerecht.
inhibiret WVSS. 206 — inhiber — inhibieren, hemmen, hindern, verbieten, untersagen.
inbibition KL. IV, 20 — inhibition — Inhibition, Einhalt, Untersagung.
iniquissimas KL. III, 26, superl. v. iniquus, a, um — ungleich, uneben, ungerecht, unpassend etc.
Injuri Spring. 275, Injuria Ges. 24, Büch. 27, Dr. ä. E. 22, 141, 142, 165, 198, 200, JdE. 115, UAE. — fz. injure, lt. injuria — Injurie, ungerechte Behandlung, Unrecht, Rechtsverletzung, Ehrenkränkung, Schmähung, Beschimpfung. fz./lt.
Injuriant Dr. ä. E. 141 — injurians, gen. -antis, part. praes. v. injuriari — Injuriant, Beleidigter etc.
inkommodirt BE. 17. fz.
Inkonvenienzen BE. 111, 292. fz.
innoviren UAE. fz.
inpracticabler UAE. sp.
inprobiren WVSS. 141, 208.
inquirirn Vog. I, 380, BE. 221, KL. IV, 13 — inquirere — inquirieren, auf-, untersuchen, prüfen, forschen, verhören, befragen.
Inquisitionen UAE., Inquisitiones Coll. (3).
insationalibis Spring. 221 (?) für insatiabilis, e — insatiabel, unersättlich.
inscitiae FK. — iuscitia — Unwissenheit, Unerfahrenheit, Ungeschicktheit, Dummheit; vgl. inscite, auf eine ungeschickte Weise.

Inscription Simpl. 961.
Insecta Simpl. 144.
Insertion UAE. — insertion — Insertion, Einrückung,
 -schaltung. fz.
Insinuation GW. — insinuation — Insinnation, gerichtliche
 Vorlegung, Einschmeichelung. fz.
insinuiret UAE., BE. 74, 251; s. insiviren. fz.
insiviren Simpl. 865 (insinuiren DGK.) (?) für insinuiren —
 insinuer — insinuicren, einflüstern, anzeigen; sich ein-
 schmeicheln, beliebt machen. fz.
insolente UAE., BE. 264 — insolent, -ente — insolent, un-
 gebührlich, grob, unverschämt, anmafsend, übermütig; vgl.
 insoleuter OPf. VI, 351. fz.
Insolentien HW., BE. 74, Insolenz ThB., KL. III, 24 — in-
 solentia — Insolenz, Ungebührlichkeit, Unverschämtheit.
Inspector Dr. ä. E. 98, 98.
Inspectiones Dr. ä. E. 85, 86, Coll.
Inspiration ThB. fz.
Installation UAE. fz.
installiert KL. III, 5. fz.
Instanzen BE. 266, 362, instantiam 86, 243, HW., KF. I, 493.
instigirte UAE. — instiguer — instigiren, aufhetzen, anreizen,
 verführen. fz.
Instincta UAE.
instituiret UAE. — instituer — instituieren, hinstellen, hinein-
 setzen, anlegen, veranstalten, unterweisen, bilden. fz.
Instruction Simpl. 269, -es 837, Dr. ä. E. 172, 211, BE. 3, 51, 115,
 124, 182, 187 (+ 9), UAE. fz.
instruirte Simpl. 222, 357, 533, 781 (unterrichtete ADG.), UAE.,
 BE. 11, 66, 78, 86, 112, 140 (+ 6). fz.
Instrumenten P. u. L. 667, 722, AsB. 276, BE. 71, Dr. ä. E. 142,
 202, Büch. 43, 52, UAE.
In Summa P. u. L. 659, 737, 741, Ges. 25, 197 etc. JdE. 488, 490,
 649 etc., AsB. 22, 46, 49.
Integritatem KL. IV, 32 — integritas, gen. -tatis — Integrität,
 Unversehrtheit, unverletzter Zustand, Rechtschaffenheit.
integrum BE. 267, 274, 243 — integrum — Integrum, Ganzes,
 Unversehrtes.
Intellectus Simpl. 71.
Intelligentibus KL. IV, 73 — intelligens, gen. -gentis,
 part. praes. v. intelligēre — intelligent, verständig, ein-
 sichtig, klug, geschickt, kenntnisreich.
Intelligenz BE. 26.
Intelligibilis HPh. 310 — intelligibilis, e — intelligibel, ver-
 ständlich, deutlich, begreiflich.

intendieren GW., BE. 48 — intendēre — intendieren, auf
etwas achten, sein Augenmerk auf etwas richten, Absicht
haben, beabsichtigen, bezwecken.
Intent UAE., KL. IV, 108 (?), für Intention; s. d. fz.
Intention Simpl. 846, 1013, P. u. L. 101, 148, Dr. ä. E. 205,
BE. 78. — intentio, gen. -onis — Intention, Spannung,
Anstrengung, Aufmerksamkeit, Absicht, Zweck; vgl.
jntensionen OPf. VI, 377, 407, 409.
Intentionirten BE. 62, 66 — intentionner — intentioniren,
bezwecken, beabsichtigen. fz.
Intentum KL. II, 63, III, 10, 17 — intentus — Intentus, Aus-
streckung, Ausstreckung der Hand.
inter UAE., inter (fortissima et timidissima) Dr. ä. E. 91. —
inter < in + ter, adverb. Endung — in der Mitte,
zwischen, unter, untereinander, gegenseitig, in Zwischen-
räumen etc.
intercediert GW., BE. 70 — intercéder — intercedieren,
interzedieren, dazwischen gehen, eintreten, vermitteln, ver-
bürgen, für ihn bitten.
Intercessionales KL. IV, 12 — intercessionales, plur. (nämlich
litterae) — (Interzession, Dazwischentreten), Fürbitt-,
Verwendungsschreiben, -schriften.
Intercessiones UAE., Interzession FK., KL. II, 70, III, 13 —
intercessio, gen. -onis — Interzession, Vermittlung, Ver-
wendung, Fürsprache.
*Interesse Simpl. 287, 461, 866, 946, JdE. 332, 566, UAE.,
P. u. L. 154.
interossirt Simpl. 871, JdE. 645, UAE., OPf. VI, 41, 373.
Interessirung BE. 98.
interim UAE. — inter + im, alter Akkus. des pron. de-
monstr. is (ea, id) — interim, inzwischen, unterdessen,
mittlerweile.
interna Dr. ä. E. 86.
Internuntius BE. 342 — internuntius, a, um — Internuncius,
Internuntius, Zwischenbote, Unterhändler, Vermittler, be-
sonders ein außerordentlicher Botschafter des Papstes.
interponent WVSS. 168 — interponens, gen. -nentis — Ein-
leger eines Rechtsmittels.
interponieren WVSS. 250 — interponēre — interponieren,
einlegen, sich ins Mittel schlagen, etwas vermitteln, sich
zum Mittel darbieten.
Interposition UAE. — interposition — Interposition, Da-
zwischenkunft, Vermittlung, Einlegung eines Rechtsmittels. fz.
interpretation KL. IV, 48.
Interregno UAE.

interrompirt Dkw. 47 — interrompre — interrumpiren, unterbrechen, verhindern, abbrechen. fz.
interuption OPf. VI, 30 — interruption — Unterbrechung. fz.
intervallum ZRB. 119 — intervallum — Intervall, Intervallum, Zwischenraum, Abstand, Tonweite, Frist, Zwischenzeit (bei Krankheit).
intimiren BE. 374 — intimer — intimieren, gerichtlich ankündigen, kundtun, ansagen, vorladen.
intitulirt Spring. 174. fz.
Intraden Simpl. 609, GW., Coll. (2) — entrata — Intrade, Eingang, -tritt, -zug, -nahme; Vorspiel; plur. Intraden, Staatseinnahmen, -einkünfte. it.
intrigant BE. 90. fz.
Intriguen BE. 114, 338, 368, intriga Khev. 280. fz.
intriguiren BE. 43. fz.
introducirt GW., KF. I, 493 — introducĕre — introduzieren, einführen, Eingang verschaffen, einleiten.
Introducirung UAE., KF. I, 493 < introduzieren; s. d.; vgl. Introductio Schott.
inuitiren HPh. 70 = invitiren — inviter — invitieren, einladen, ersuchen, zu Gaste bitten, auffordern.
inutil UAE. — inutile — unnütz, unbrauchbar; ungebraucht, vergeblich. fz.
Invasion BE. 278 — invasion — Invasion, (feindlicher) Einfall (in ein Land). fz.
Invention Simpl. 49, 286, 290, 486, 1009, Dkw. 110, 192, Dr. ä. E. 57, 59, 132, 200 etc. Ges. 25, -es Ges. 15, 25 (-Erfindung Opitz) — invention — Invention, Erfindung, Erfindungskraft, Kunstgriff.
inventirten Simpl. 188 — inventer — inventiren, finden, erfinden, entdecken, ersinnen, erdichten. fz.
Inventor Simpl. 432 — inventor, gen. -oris — Inventor, Erfinder; vgl. Inventeur < fz. inventeur.
investiret UAE. — investir — investieren, bekleiden, einsetzen, bestallen, belehnen. fz.
invicta (Conseqventia) Büch. 12 — invictus, a, um — unüberwunden, unüberwindlich.
invidia FK., -iam BE. 57, 65, KL. IV, 15 — invidia — Neid, Mifsgunst.
Invisibilis Vog. II, 8 — invisibilis, e — invisibel, unsichtbar.
invitiren Büch. 24 — inviter — invitieren, einladen, zu Gaste bitten, ersuchen, auffordern. fz.
invito (Domino) JdE. 332 — invitus, a, um — unwillig, gegen den Willen; ungern, mit Sträuben, mit Widerwillen; zu jemandes Trotz, Ärger.

ipsam UAE., ipso Coll., KL. II, 18, ipsorum (proprium), KL.
III. 141. — ipse, a, um — er-, sie-, es selbst; vgl. ipse
dixit, er selbst hat es gesagt; vgl. ipsam Schott.
iremediable Dkw. 57 — irémédiable — unheilbar, unabhelflich, unersetzbar. fz.
irrecuperabile KL. III, 30 — irrecuperabilis, e — irrecuperabel,
unersetzlich, unwiderbringlich.
Irregularität BE. 78, 79. fz.
ita BE. 177.
Item Simpl. 33, 157, 165, 978 etc. D. u. A. 146, 151, KJ. 702,
794. JdE. 623, Coll.
Jacht BE. 247. ndl.
Jalousie UAE., BE. 62, 247, 305, 320, 374. (= Scheelsüchtigkeit
Zesen). s. Gelosia; vgl. jalousien OPf. VI, 40. fz.
jaloux UAE. — jaloux, jalouse — jaloux, eifersüchtig, scheelsüchtig, argwöhnisch; vgl. jalous OPf. VI, 376, 272. fz.
jncapapel OPf. VI, 346 — incapable — unfähig, untüchtig,
untauglich. fz.
Journal Simpl. 894, 894. fz.
Jovial TM. 391. it.
Jubileum Coll.
judicatam UAE. — judicatus, a, um, part. perf. pass. v.
judicare — Judicatum, Rechtsspruch, richterlicher Bescheid.
Judices BE. 53, -ii KF. I, 488 — judex, gen. icis — Judex,
Richter; vgl. iudice rerum Schott.
judicialiter Dr. ä. E. 94, adv. v. judicial (oder judiciarisch —
judicialis, e + judiciarius, a, um — judicial, judiciarisch,
gerichtlich, richterlich.
judicirt Simpl. 375, 710, Dr. ä. E. 36, 79, 86, BE. 19, UAE.,
Stud. 508 — judicare — judizieren, Recht sprechen,
richten, beurteilen, urteilen.
Judicium Spring. 155, 164, Dr. ä. E. 83, Judicii TM. 387, Judicia
Dr. ä. E. 29, 87, 208, Juditio KL. III, 4, 8 — judicium —
Judizium, gerichtliche Untersuchung, Rechtshandel, Gericht,
Rechtspflege, Urteil, Beurteilungskraft, Urteilsvermögen.
Juëlen Dkw. 23, 30, 68. fz.
Jugement BE. 51, JdE. 123 — jugement — Jugement, Judizium; s. Judicium. fz.
junctim (-is) BE. 306, 311, 346 — junctim — vereint, zusammen,
beisammen.
Juraments JdE. 123, juramento HW., Coll., KL. II, 49 — fz.
jurament, lt. juramentum — Jurament, Schwur, Eid; vgl.
juramentum Eid, Eidbund Schott. fz./lt.
juris BE. 30. 132, 203, 219, 301. Juris retorquandi Dr. ä. E. 141,

Juribus UAE., Jus saxonicum Stud. 459; vgl. Jus cognationis Spielmagenschaft Schott.
Jurisdiction Simpl. 763, Ges. 28, KL. II, 216.
Jurisprudenz Ges. 43, BE. 131, -tia Stud. 506.
just Spring. 152, Vog. II, 100, 101, Coll., OPf. VI, 21.
justement Dr. ä. E. 96. fz.
Justification KF. I, 493. fz.
justificante UAE., -dae KF. I, 493.
justificirte GM. 281, GW. — nlt. justificare — justifizieren, recht machen, rechtfertigen, verteidigen, hinrichten.
Justitiam Simpl. 610, 748, 848, 893, Ges. 23, 23, 24, 24, Justitien 55, Justicy WYSS. 248, Justitia causae Stud. 508, KL. II, 14.
Justitz Simpl. 648, D. u. A. 168, UAE., BE. 112, Justiz-Collegio KF. I, 488.
Juwellen OPf. VI, 370.

Kabinet BE. 105, 109, 155, 249, 351. fz.
Kalenders UAE.
Kapitain BE. 56, 72, 73, 150, 169, 295 (+ 2).
Kapital(jtäbte) UAE., Kapitals BE. 98, 98.
*Kapitulation BE. 63. fz.
*kapitulirt BE. 98, 338. fz.
karessiren BE. 316 = carressiren — caresser — karessieren, liebkosen, herzen, schmeicheln, streicheln. fz.
kategorijdje UAE. fz.
Kattun Dkw. 213. ndl.
*Kavallerie BE. 307, 312, 317, 317.
kommandirt BE. 72, 73, 301. fz.
Kommando BE. 72, 73, 301. fz.
Kommissarien BE. 127, 133.
Kommission BE. 132.
*Komödie BE. 21.
Kompliment BE. 139, 168, 370. fz.
Konferenz BE. 40, 264. fz.
Kongrefs BE. 137.
Kontinent BE. 155.
kontraire BE. 254, konträren 317. fz.
konvoyiren BE. 39. fz.
konzipirten BE. 341 — concipěre — konzipieren, zusammennehmen, -fassen, in sich aufnehmen, empfangen, denken, begreifen, sich vorstellen, unternehmen, aufsetzen.
Korporal BE. 334. fz.
Korps BE. 359. fz.
korrespondirt BE. 330. fz.
Kredit BE. 47, 140. fz.

*krepireu BE. 35. it.
*kurireu BE. 131.
*Kürifs Simpl. 333, 336, 550, 797. fz.
*Kutsche UAE., BE. 2, 172, 350, 370, 371, 372 (+ 2). ung.

Laboratorio Simpl. 357, 546, KJ. 809, Dr. ä. E. 105.
Labores Dr. ä. E. 87 — labor — Arbeit, Mühseligkeit, Unglück, Beschwerlichkeit.
laboriren Spring. 190, WVSS. 193, 298, 329.
lacessirete BE. 105 — lacessere — lacessiren, reizen, herausfordern, necken.

Laesion GW. — laesio, gen. -onis — Läsion, Verletzung, Beschädigung, Übervorteilung.
Lamentabiliter JdE. 374 — adv. v. lamentabilis, e. — beweinenswert, kläglich, jämmerlich, weinerlich.
Lamentationen BE. 272, KL. IV., 31.
lamentirte Simpl. 741, Dr. ä. E. 165, JdE. 33, 79, 658, UAE., Coll., OPf. VI, 56.
Lapidem (Philosophorum) Simpl. 399, Lapide Vog. II, 82 — lapis, gen. -pidis — Stein.
*Laquayen Simpl 27, 546, 547, 868, 869, Lacquoi Dkw. 29, 82, 88, 122, 237, OPf. VI, 52. fz.
*larven AsB. 174, 392.
Latinis FK.
latinitate FK. — latinitas, gen.-tatis — Latinität, latein. Sprache.
laudamus GW. — laudare — loben, preisen.
Laus Deo Dr. ä. E. 33; vgl. laus, Lob Schott.
*laviren Simpl. 977, lauiren KL. II, 14, III, 17.
Lavor Simpl. 176, 209.
Law OPf. VI, 315 — law — Gesetz, Recht, Prozefs, Rechtsgelehrsamkeit. e.
Lectiones Simpl. 29, 632, Lectionen Vog. II, 132, Dr. ä. E. 27, 31, 86, 87, Lection JdE. 45, 157, 399, ThB., FK., SpH.
Lector JdE. 371.
lectoria FK., Stud. 454.
legal BE. 93 — légal, ale — legal, gesetzmäfsig, rechtlich. fz.
Legalität BE. 93 — légalité — Legalität, Gesetzmäfsigkeit, Gesetzlichkeit. fz.
Legat JdE. 424, GW. (= Vermachung Zesen).
Legation Simpl. 402, GW., legationa BE. 29, 132, KL. II, 61.
legato BE. 76, 77, 87, 132.
leges Dr. ä. E. 199, lege HW, legibus JdE. 316, legis BE. 68, 77, 92, 215, 224, 237, pro Lege KL. III, 20 — leges — Leges, Gesetze, Verordnungen.

Legionen JdE. 53.
Legislator Simpl. 32, Coll.
legitimirt Dr. ä. E. 154, WVSS. 275.
legitimo (modo) UAE.
Lemonen EwC. 245, Lemon JdE. 554. sp.
*Lermen Dr. ä. E. 20, lermens AsB. 373. fz.
lestargie OPf. VI, 441 = léthargie — Lethargie, Schlafsucht,
 Betäubung mfz.
lettre OPf. VI, 317 — lettre — Brief etc. fz.
lettre de chachet OPf. VI, 315 — lettre de cachet — Verhaftsbefehl fz.
*Leutenant Simpl. 410, 413, 414, 429, 430 etc. Leutenantin
 Spring. 253, Leutenanten WVSS. 135, 136, 140, 141, 142,
 143 etc. Lütenant Dkw. 22, 26. fz.
Lexici Dr. ä. E. 83, Lexicon Philosophicum Dr. ä. E. 163; vgl.
 Lexicon, Wörterbuch Schott.
Libello Büch. 25, Libell 26, libells Dr. ä. E. 200, libelli 201.
liberal Dr. ä. E. 102, UAE.
liberandum UAE. — liberare — liberieren, befreien, entlasten, los machen, für unschuldig erklären.
Liberation GW. — libératiou — Liberation, Befreiung, Lossprechung. fz.
libere KL. III, 29, HPh. 5 — liber, era, erum — bürgerlich,
 frei, unabhängig, selbständig.
Liberey Simpl. 27, 221, 697, 790, 831 — liberia — Liberei,
 Büchersammlung.
liberireu UBE. — s. liberandum.
Liberime KL. III, 4 — liberrimus, a, um, superl. v. liber. —
 s. libere.
libertas BE. 57, liberté 314, Libertät GW. — lt. libertas,
 gen. -tatis, fz. liberté — Libertät, persönliche Freiheit, Ungebundenheit, Zügellosigkeit. lt./fz.
libris (symbolicis) Büch. 23, 33, 41 — liber — eigtl. Bast
 (der unter der Borke liegende Teil der Baumrinde), darnach: Schrift (weil auf Bast geschrieben wird), dann: Buch.
Licentiati Büch. 54, Licentiat JdE. 366.
licentiert UAE.
Licenz UAE.
Lieutenant Dr. ä. E. 67. fz.
Ligue BE. 262, 276. fz.
limitationibus BE. 24, KL. II, 23 — limitatio, gen. -onis —
 Limitatiou, Begrenzung, Beschränkung, Bestimmung, Festsetzung.
limitierten GW. — limiter — limitieren, begrenzen, einschränken, bestimmen. fz.

Lineamenten Simpl. 232 — lineamentum, plur.-menta — Lineament, Linie, Zug (mit Kreide, Feder etc.), besonders Gesichtzzüge, Handlinien, -züge.
Liquidationes Dr. ä. E. 154, UAE.
liquidiren UAE. fz.
lit. GW. = adj. literal oder adv. literaliter — wörtlich, buchstäblich, dem Buchstaben gemäss.
lite BE. 37 — lis, plur. lites — Streit, Zank, besonders Rechtsstreit.
literae (humaniores) Dr. ä. E. 84, literas (commendatitias) Ges. 15, literis Spring. 152, WVSS. 141 — littera oder litera, Buchstabe; plur. litterae, Briefe, Schriften; vgl. literae Schrift, Brief, Schott.
literati TM. 403, 410.
Livere JdE. 310, 341, 406, 426.
locum ThB., LL., loco BE. 117, 137, Stud. 461, KL. III, 48 — locus — Locus, Lokus, Ort, Platz, Stelle.
Logic Büch. 55, Logica Dr. ä. E. 87, L. naturalis 81, -am 87; vgl. Denkkunst, Logik Harsd.
Logiment Simpl. 472, Logement Spring. 208. fz.
logirt Simpl. 163, 314, 417, UAE., BE., 220, OPf. VI, 345. fz.
logirung HW. fz.
Logis BE. 350. fz.
losamento WVSS. 259, Losament UAE. (?) für loggiamento — Wohnung. it. (?)
losieret GW., HW. (?) für logieret; vgl. it. logare vermieten, verpachten. it. (?)
lubito BE. 186 — lubitum — Belieben, Wohlgefallen.
lucratoriis Coll. < lucror, atus, gewinnen, erlangen, Nutzen haben.
luctus (gladiatoris) Simpl. 87 (ludos K) — luctus — Klage, Kummer, Trauer.
Lucubrationen LL. — lucubration — Lukubration, Nachtarbeit, -sitzen, -studieren.
lumen Cour. 95, GW. — lumen — Lumen, Licht, Hellkopf, grosser Geist.
Luna Spring. 269.

macerirt GM. 266 — macérer — macerieren, mazerieren, kneten, mürbe machen, einweichen, beizen, abhärmen, -quälen, -arbeiten.
Machinationen UAE. fz.
Machinen Simpl. 795, 1043. fz.
Madame Simpl. 543, 548, JdE. 150, 159, Dkw. 26, 28, 42, 43, 44, 45 etc. fz.

Mde, made OPf. VI 371, 376, für Madame. fz.
Mademoiselle Cour. 135, Mademoisellen Vog. II, 77; Madll. OPf.
 VI 371. fz.
Ma foy Spring. 194 — ma foi — bei meiner Treu, wahrhaftig. fz.
Magazin GW., BE. 126, 141. 193, 201. fz.
magercroon OPf. VI, 27 (?) ?
magis KL. IV 16 — magis adv. — mehr, in höherem Grade.
Magistri Büch. 30, 55, 55, FK., Dr. ä. E. 145, 162, 194, Ma-
 gischter Büch. 53, JdE. 366.
Magistrat UAE., JdE. 157, 170, 357 etc.
Magnaten Simpl. 788. fz.
Magnificentz OPf. VI, 377 — magnificence — Pracht, Aufwand. fz.
Magnifico Stud. 455.
magnum Coll. — magnus, a, um — grofs, hoch, breit; edel,
 wichtig; ruhmsüchtig; laut etc.
Magnus Ew.C. 230 — magnus; s. magnum — Oberhaupt,
 Meister.
mainteniren UAE., OPf. VI, 55 — maintenir — mainteniren,
 erhalten, beibehalten, behaupten, verfechten, rechtfertigen. fz.
maison OPf. VI, 343 — maison — Haus, Stadtwohnung, Diener-
 schaft. fz.
maistre OPf. VI, 44 — maître — Meister, Herr, Gebieter. fz.
maistresse Ges. 98, 101, 104, maitressen OPf. VI, 372, metres 374. fz.
Majestatis UAE., BE. 290, vgl. majesté OPf. VI, 4.
majeur OPf. VI, 315 — majeur, e — gröfser, mündig,
 majorenn. fz.
*Major Conr. 40, 41, 42, 58 etc. WVSS. 197, 200, 291, 292.
majora UAE., BE. 22, 286, majus BE. 100.
Majorität BE. 22, 28, 95, 96.
Malcontent GW., BE. 50 — malcontent, -ente — malcontent,
 unzufrieden, mifsvergnügt. fz.
Maleficanten Cour. 138 — maleficans, gen. -cantis, part.
 praes. o. nlt. maleficare — Malefikant, Übeltäter, Bösewicht,
 Verbrecher.
Malefitz KJ. 708 — maleficium — Malefiz, Übeltat; vgl. Male-
 fakt < malefactum.
Malevolos KL. IV, 15 — malevolus, a, um — feindlich gesinnt,
 neidisch, maliziös, boshaft.
Malitia Ges. 24, Malice Dkw. 44, Malitia KL. IV, 83 — lt.
 malitia, fz. malice — Malice, Bosheit, Arglist, Tücke,
 Schalkheit. lt./fz.
Malignität GW. — malignitas, gen. -atis — Malignität, Bösartig-
 keit, Schadenfreude.
Malum (necessarium) Dr. ä. E. 79, Malo 162, malorum Simpl.
 833, mali BE. 286, ThB., malum (hypochondriacum)

Stud. 457 — malum — Malum, Übel, Unglück, Schaden, Krankheit.
Mandat Simpl. 794.
Mandatario Büch. 32 -os 44 etc. — mandatarius, a, um — Mandatar, Beauftragter, Bevollmächtigter.
mandatis UAE., mandati BE. 69, 247, 337 — mandatum — Mandat, Auftrag, Befehl.
Manduction (?) SpH. für Manducation — manducatio, gen. -onis — Manducation, Essen, Kauen des Brotes etc. im hl. Abendmahl.
maneggio KL. IV 71 — maneggio — Manège, Reitschule, -bahn, -kunst. it.
*Manier Simpl. 210, 251, 259, 296, 327, 383 etc. Ges. 213, 213, Dr. ä. E. 50, 129, 202; vgl. Manier, Verzierung MT. fz.
Manifest UAE., BE. 150, 151. fz.
manquiren WVSS. 113 — manquer — mankieren, fehlen, verfehlen, fehlschlagen, unterlassen, zahlungsunfähig sein. fz.
mansuetudini KL. III, 130 — mansuetudo, gen. -inis — Zahmheit, Milde, Sanftmut, Güte.
Mantò JdE. 27, 600 — manto (fz. manteau) — Manto, Mantel, Überrock. e.
Manufakturen BE. 171, 205, 215, 223, 228, 231 (+ 2). fz.
Manu Script Ew.C. 207, Manuscriptis Dr. ä. E. 102, LL.
manuteniren WVSS. 207, 312, 322, 324 — manutenēre — manuteniren, handhaben, erhalten, beschützen.
Manutenirung BE. 46 < manuteniren s. d.; — vgl. Manutenenz, Manutention, Aufrechthaltung, Handhabung.
*Mappen Simpl. 978, 989. fz.
March Simpl. 872, Marchen GW., HW. fz.
marchandiren UAE. — marchander — marchandiren, handeln, feilschen; sich lange bedenken, zaudern. fz.
marchiren Simpl. 599, 868, HW. fz.
marechal OPf. 358 — maréchal — Marschall, Unteroffizier etc. fz.
Mare Mediterraneum Simpl. 937 — mare, Meer; mediterraneus, a, um, mittelländisch — Mittelländisches Meer.
mariage OPf. VI, 353 — mariage — Ehe, Heirat, Hochzeit, Verbindung. fz.
Marine BE. 272. fz.
marodiren WVSS. 211.
*Marquetender Simpl. 283, 342, Marquadenter Ew.C. 220, 235. fz.
Marquis Simpl. 536, HW., BE. 65, 118, 133, 135, 136, 137 (+ 120). fz.
Marquise OPf. VI, 272. fz.
martere Simpl. 847, 890. ?
Martialia Ingenia Simpl. 34 — martialis, e, martialisch, kriegerisch, mutvoll, wild; ingenium, plur. ingenia, Natur-

6*

anlage, natürlicher Verstand, Witz — kriegerische Naturanlage.
martirisiert KL. IV, 76.
Martis Simpl. 402 — Mars, gen. Martis — Mars, eigentlich glanzbringender Gott (d. h. Frühlingsgott), dann Kriegsgott (b. d. Römern).
martyrii ThB. gr.
*Marzeban Simpl. 209, Marzepan KJ. 691. it.
Mascarade Simpl. 735. it.
*Masquen Simpl. 555, 555, Dr. E. 210. fz.
Masqueraden Dr. ä. E. 38. it.
masquirt (in vermasquirt) Simpl. 554. fz.
massacrirung WVSS. 297 < massacriren — massacrer — massakrieren, niedermetzeln, umbringen, töten, abschlachten (Menschen). fz.
Materialien Simpl. 105, Materalia 1022. it.
Materi Simpl. 176, 288, 291, 398 etc. Materi 750, 890, 897 etc.
Materie Dr. ä. E. 51, Materi JdE. 69; vgl. materiis Schott.
Mathematica Simpl. 780.
matière Dkw. 165 — matière — Stoff, Material. fz.
Matres Ew.C. 247 — mater, plur. matres — Mater, Mutter, Mutterkirche, -pfarre; Schraubenmutter.
Matresse Simpl. 643, 643, Matrefs 645, Maistresse Cour. 69. fz.
Matrikel UAE., Matrikul Coll. (10).
Matrimonium KL. IV, 10 — matrimonium — Matrimonium, Ehe, Ehestand.
*Matron Cour. 51, JdE. 573.
Matrose Simpl. 994. Matrase EF. ndl.
maturieren WVSS. 243, 263, 272, 289, KL. III 24 — maturare — maturieren, reifen, reif werden, zeitigen, beschleunigen. lt./it.
Matutinum JdE. 654 — matutinus, a, um, früh, früh morgens geschehend; vgl. Matutine < matutina, Frühmesse in der kathol. Kirche.
Maximen UAE. fz.
mdll OPf. VI, 343 für mademoiselle. fz.
media Dr. ä. E. 79, 91, 164, WVSS. 234, 249, 250, 276, 287, 299 — medius, a, um, in der Mitte befindlich, mitten inne. — vgl. Medium, Mitte, Mittel, Mittelding, -form.
Mediation UAE., BE. 65, 81, 82, 291 — médiation — Mediation, Vermittlung. fz.
Mediatoren UAE. — mediator — Mediator, Mediateur (< fz. médiateur), Vermittler, Schiedsmann, Richter.
medicamenta Dr. ä. E. 201.
Medicin Ges. 43, JdE. 329.
Medico Simpl. 143, -us 532, 1022, os- 696, 761, -i 707, 770 etc.

Ges. 8, 17, 157, Büch. 2, Dr. ä. E. 29, 102, 118, 177, JdE.
2, 62, 280 etc. HW., Dkw. 29, ThB. 6, -is Z. RB. 6.
Medicoanten Dkw. 169,
medisance OPf. VI, 273 — médisance — üble Nachrede, Verleumdung. fz.
Meditation FK., SpH. (= Betrachtung Harsd.).
Melancholey Simpl. 286, JdE. 687, -iam ThB. gr.
melancholicus ThB. gr.
melancholijdje JdE. 2, ThB., Dkw. 46, 202; OPf. VI, 358. gr.
meliorationen KL. II, 119 — melioratio, gen. -onis — Melioration, Verbesserung (eines Grundstückes).
Melodey Simpl. 61. gr.
membrorum FK. — membrum, plur. membra — Membrum, Glied, Mitglied, Teil eines Ganzen.
memento mori Simpl. 979 — memento mori — memento mori! gedenke des Todes; vgl. Memento mori, Todeserinnerung.
memoire BE. 320 Memori UAE. (memoria), memoriae Coll., memorias HPh. 67 — fz. mémoire, lt. memoria — Memoire, besonders: Denkschrift, Denkwürdigkeit, Aufzeichnungen eigener Erlebnisse; vgl. momoriam, Angedenkung Schott. (= Denkschrift im Erzschreine der fruchtbringenden Gesellschaft.) fz./lt.
memorial Simpl. 837, P. u. L. 275, FK., BE. 24, 62, 74, 75, 76, 132 (+ 55).
memorieren GW., KL. III, 72.
menagiren BE. 78 — ménager — menagieren, haushalten, in acht nehmen, sparsam mit etwas umgehen; sich schonen, mäfsigen. fz.
Mendicanten Coll. — mendicans, gen. -cantis — part. praes. v. mendicare — Mendikant, Bettler, Bettelmönch.
mente BE. 87, mentis ThB., FK. — mens, gen. mentis — Geist, Verstand, Sinn, Gesinnung.
mentiri JdE. 117 — mentiri — lügen, betrügen, fälschen, verfälschen.
Mercurium (Sublimatum) Simpl. 570 — Mercurius — Götterbote, Handelsgott; ein Planet; Quecksilber; vgl. m. sublimatus corrosivus, Chlor-Quecksilber.
meris Coll. — merus, a, um — rein, unverfälscht; nichts als.
Meriten Vog. I, 392, Vog. II, 44, JdE. 93, UAE., KL. IV, 9 — mérite — Merite, Verdienst, Lohn; vgl. meritten OPf. VI, 52. fz.
meritiren P. u. L. 12, UAE., Coll., OPf. VI 370 — mériter — meritieren, verdienen, sich verdient machen. fz.
Metalla Simpl. 754, 766, 766, 782 etc.

metaphoriſcher Büch. 57; vgl. Metaphora, Umsetzung Schott. gr.
Metaphysic Büch. 55, metaphysicus Coll. gr.
Metaphysicam Dr. ä. E. 163. gr.
methodum (informandi) Dr. ä. E. 81, Methodus Dr. ä. E. 83,
    86, FK.; vgl. methodus docendi, Lehrart Schott. (= Lehrart Harsd.).
Mienen Dr. ä. E. 32, 125, BE. 273, 280. fz.
Militär BE. 230. fz.
militiren WVSS. 247 — militer — militiren, Soldat sein,
    Kriegsdienste tun, streiten, widerstreiten. fz.
Militiae Simpl. 536, Miliz BE. 46, 188, 210, 250, 366, 369 (+ 2).
militos HW. für militis — miles, gen. militis — Soldat, Krieger.
Minatur(=Arbeit) JdE. 26, miniatur HPh. 13.
*Minen Simpl. 127, 220, 423, 776, 940, 1015 etc.
Mineralia Simpl. 754, 769.
Minister Dr. ä. E. 48, 149, BE. 9, 10, 11, 13, 15, 16 (+ 226).
ministerialis FK. — miutsterialis, e — ministerial, amtlich,
    besonders staatsamtlich, von & aus dem Staatsrat; vgl.
    ministeriell < fz. ministeriel, elle. Ministerium Büch. 25,
    35, 36, -io 25 etc. Dr. ä. E. 188, BE. 210, 254, 262,
    298, ThB., SpH.
ministrirt RPl. 316 — ministrare — ministriren, bedienen,
    aufwarten, dienen, helfen, an die Hand gehen.
Ministri Vog. II, 84, UAE., -is, JdE. 157, -es 371, -i 667.
Miniren Simpl. 335, OPf. VI, 375.
minori BE. 100, minora GW., Th.B. — minor, -us, comp. v.
    parvus — der Kleinere, Geringere (durch Geburt), Jüngere.
Minorität UAE. fz.
Minut P. u. L. 736.
minutissima KL. IV, 11 — minutissimus, a, um — Minu-
    tissimum, plur. -ma, Kleinstes, Geringstes, allerkleinste
    Umstände.
mira HW. — mirus, a, um — wunderbar, erstaunlich, aufserordentlich.
Mirabiliter JdE. 374, adv. mirabel — mirabilis, e, bewundernswert, wunderbar.
Miracul Simpl. 1026, HPh. 353, Miraculum (hujus seculi), Dr.
    ä. E. 24 — miraculum — Mirakel, Wunder, -ding, -tat,
    -werk; vgl. miraculum Wunder Schott.
Miscredit FK. fz.
Miserabilis Coll. fz.
miserablen StM. 330, Vog. I (miserabl). fz.
miserrimie HW. (?) < miserrimus, superl. v. miser, a, um —
    unglücklich, miserabel, beklagenswert, krank, wertlos,
    jämmerlich.

missiueu HW. — nlt. missivum (scriptum, Schreiben), fz. missive (wobei „lettre" zu ergänzen ist) — Missiv, Missive, Sendschreiben, -schrift, verschliefsbare Versandtasche, -mappe. lt./fz.
mixtae Coll. — mixtus. a, um, part. perf. pass. v. miscere — mischen, vermischen, vereinigen.
mixtirt Simpl. 165; s. mixtae.
*Mixtur Vog. I, 304, Mixturen TM. 378, AsB. 282.
mobilien (& immobilien) Simpl. 874, Coll.
Mode Simpl. 128, 278, 532, 541, 857, 1045 etc. P. u. L. 167, Ges. 98, Dr. ä. E. 68.
Model Simpl. 728, Modell Vog. II, 193, JdE. 52, GW., LL. fz.
moderater UAE., adv. v. moderatus, a, um — moderat, gemäfsigt, billig, bescheiden.
Moderation UAE., Coll. (8) — modération — Moderation, Mäfsigung, Milderung, Einschränkung.
Moderatores Coll. — moderator, gen. -toris — Moderator, Regierer, Führer, Lenker; vgl. Moderateur < fz. modérateur.
moderieren GW. fz.
Modestie ThB. — modestie — Modestie, Bescheidenheit, Anspruchslosigkeit, Sittsamkeit. fz.
modestissime KL. IV, 108 — superl. v. modestus, a, um — modest, bescheiden, sittsam, ehrbar, anständig; vgl. modesten OPf. VI, 351.
modum Cour. 69, m. tractandi Dr. ä. E. 86, modi JdE. 95, 104, 168, 303, modo UAE., Stud. 508; Modus, Tonart MT.; vgl. modus, Art; Weise im grammatischen Sinne Schott.
molestationen Ges. 322, 324 — molestation — Plackerei. fz.
molestie Ges. 329, Mollestien KL. 56 — molestia — Molestie, Beschwerlichkeit, Ungelegenheit, Verdriefslichkeit.
molestirt (in unmolestirt) Simpl. 843, Dr. ä. E. 200, Vog. I, 308 — molester — molestiren, beschweren, belästigen, Verdrufs bereiten. fz.
Molimina UAE. — molimina — Molimina, Wehen.
Moment Simpl. 756, Momento WVSS. 182, 297, 298.
Monarchus Simpl. 89.
Monarchen Simpl. 749, 749, D. u. A. 15, 71, monarchi WVSS. 222, BE. 373. gr.
Monarchiam Simpl. 611, TM. 365; vgl. Monarchiae, Weltreiche Schott. gr.
mondirte Simpl. 134, 342, 577, 587, 797, 871 etc. fz.
Monita UAE. — monitus, a, um, part. perf. pass. v. monere — Monitum, plur. -ta, Erinnerung, Mahnung, tadelnde Bemerkung.
monoculus Coll. — monoculus — Monoculus, Einäugiger.

Monsieur Simpl. 546, 547, 556, 586, 592, 927 etc. Ges. 99, 105, Dr. ä. E. 43, 103, 115, 121, BE. 164, Messieurs Dr. ä. E. 119, OPf. VI, 205, 52, 56. fz.
Monsigneur Simpl. 535, 536, 540 etc. fz.
Monstrantzen HPh. 114.
monstrieren GW. — monstrare — monstrieren, weisen, anzeigen, dartun, beschreiben, lehren, unterrichten.
Monstrums Vog. II. 26; vgl. monstrum, Wunderthier Schott.
Monumenta Z. RB. 148.
mora UAE., BE. 285, 336, KL. II, 42, III, 141.
Morale Dr. ä. E. 127, Moral-Discurs 82. moral-institution ThB.
Morastes Simpl. 53 (?) für Moraste, pl. < moeras < moer, Morast, Sumpf, Moor, Marschland. holl.
morater TR. (?) s. moratoria. ?
moratoria TR. — nlt. moratorius, a, um — Zögerung betreffend, zögernd, aufschiebend — Aufschubschreiben, eine Verfügung, durch welche ein Schuldner gegen andrängende Gläubiger Aufschub erhält.
morbleu Sch. 13 — morbleu < (par la) mort de Dieu — Morbleu, beim Tode Gottes, beim Teufel, zum Henker, verwünscht.
*Mordio(=Geschrey) Simpl. 190, 307.
mores StM. 327, JdE. 213.
morosi Coll. (2) — morosus, a, um — moros, morös, eigensinnig, verdriefslich, mürrisch, finster.
morositet Coll. — morositas, gen. -tatis — Morosität, mürrisches Wesen, schlechte Laune.
Mortification Simpl. 830, BE. 373, OPf. VI, 58 — mortification — Mortifikation, Tötung, Kasteiung, Kränkung, Aufhebung, Vernichtung, Tilgung. fz.
mortificiren Simpl. 93, UAE.
moti HPh. 5 (?) — motus < movēre — Motus, Bewegung.
Motion Stud. 457 — motio, gen. -onis — Motion, Bewegung, Veränderung; Antrag (zur Beratung); Abwandlung der Haupt- & Beiwörter nach dem Geschlecht.
motiven WVSS. 191, 242, Coll. (3), KL. II, 19.
motuum UAE., BE. 43, 85, 125, 128 für motum < motus — erschütternde Bewegung, Erdbeben, Rebellion etc.
movieren KL. II, 67, III, 15 — movēre — movieren, bewegen.
multa Coll. (2), multos UAE. — multa — Multa, vielerlei, vieles.
Multiplicationen LL.; vgl. multiplicatio, Mannigfaltigung Schott.
multitudine Coll.
vermummt Simpl. 204, 837.
mundiren WVSS. 204.

muniren BE. 51.
Munition Simpl. 238, 292, 804, AsB. 285, BE. 103, 112, 112,
UAE., BO. 664.
Musicam Simpl. 780, Ges. 57, Music Dr. ä. E. 30, 156, AsB. 387.
Musicanten KJ. 747, 766, Ges. 15, 25, Dr. ä. E. 131, 172, 202,
JdE. 71, 113, Coll.
musiciret Büch. 56, AsB. 145.
Musikalifdje KJ. 721, AsB. 276.
Musicus JdE. 75.
Musketire WVSS. 139, 303, 307, Musquetier Simpl. 93, 94, 105,
106 etc. (Mufsquetirer ADGK.), Mufsquetierer 200, 329,
578, 587 etc. fz.
Musquetade HW. fz.
Musquetten HW., Mufsqueten Simpl. 95, 100. fz.
Musquettiren Dkw. 22, 23, 28, 255.
Musterfdjreiber Simpl. 464, 1010, =monats, =pläße UAE. it.
Musterung Simpl. 196. it.
mutae JdE. 297 — mutus, a, um — stumm; vgl. Muta (littera)
stummer Konsonant, plur. Mutä.
Mylord BE. 69, 75, 84, 88, 89, 92 (+ 80) e.
mysticos FK. gr.

Narration Dr. ä. E. 200 — narration — Narration, Erzählung (sowohl das Erzählen, als das Erzählte). fz.
*Nation D. u. A. 68, 216, KJ. 645, 662, 781, Ges. 164, 380, JdE. 373, 630.
Nativitäten Simpl. 305, 307, 313, 393, WVSS. 324, Dr. ä. E.
95, 139, 140, nativitet Ges. 97 — nativitas, gen. -tatis —
Nativität, Geburt, Geburtsstunde, -glück; Stand der Gestirne
zur Geburtszeit eines Menschen.
naturale Simpl. 754, naturäl GM. 261.
naturam UAE.
Naturell LL. fz.
necessario KL. II, 43 — necessarius, a, um — necessär,
notwendig, unvermeidlich, unumgänglich.
Necessitet JdE. 280, HW. — nécessité — Necessität, Notwendigkeit.
necessitirn HW., Coll. — nécessiter — necessitiren, nötigen,
zwingen.
Negation GW.
negative UAE.
negligent JdE. 101 — negligens, gen. -gentis — negligent,
nachlässig, sorglos, saumselig, locker.
negligentiae HPh. 310 — negligentia — Negligenz, Nachlässigkeit, Unachtsamkeit, Vernachlässigung.

negocium Coll. (2), WVSS. 250, negotio WVSS. 252, KL. II,
  46, 55, 125 — negotium — Negoz, Negotium, Geschäft,
  Handel, Gewerbe, Verkehr.
negotiation UAE. — négociation — Negotiation, Negociation,
  Grofshandel, Unterhandlung, Vermittlungsgeschäft, Verkauf
  eines noch nicht fälligen Wechsels. fz.
negotiiren UAE. — negotiari — negociiren, negoziiren,
  unterhandeln, verhandeln, mit Wechseln handeln; aus-
  mitteln, verschaffen.
nel GW. = ne lc. afz.
nervum Coll.
Nescio JdE. 262, 263 — nescio — ich weifs nicht, ich bin
  unwissend; vgl. Nescienz < nlt. nescientia, Unwissenheit.
neufs BH. — neuf, neuve — neu. fz.
*neutral Simpl. 697, BE. 17, 56, 164, 289, UAE.
Neutralität Simpl. 496, Ges. 259, BE. 57, 278, 284, 302, 303,
  315 († 19) UAE.
neuveux OPf. VI, 51 für neveux — neveu — Neffe. fz.
News Ew. C. 216, StM. 334 — news — Neuigkeit, Nachricht,
  Zeitung. e.
niepce OPf. VI, 370, 375 für nièce — Nichte. fz.
Nobiles Coll.
*Nobilis-Krug Vog. II, 158.
Nobilisten Simpl. 25, 28, 111. fz.
Nobilität UAE, KL. II, 60, IV, 79, Nobilitatis Coll.
noblesse OPf. VI, 317. fz.
nolens volens BE. 160, 315 — part. praes. v. nolle & velle
  — nicht wollend (oder) wollend; gezwungen oder frei-
  willig; mir nichts, dir nichts.
nomen KL. 111, 6 — nomen, gen. nominis — Nomen, Name,
  Benennung; (in der Sprachlehre) ein Wort, welches ein
  Ding oder dessen Bestimmung benennt; vgl N. N. = nomen
  nescio, den Namen weifs ich nicht, der Name ist unbekannt.
nominales Coll. — nominalis, e — nominal, nominell, zum
  Namen gehörig, dem Namen nach, angeblich.
nomine ThB., FK. — nomen, gen. nominis — Nomen, Name,
  Benennung; vgl. N. N., s. nomen.
non BE. 157 — non — nein, nicht. fz.
Nota Simpl. 265.
notabile Büch. 10, notabel Dr. ä. E. 79, GW., BE. 77. —
  notabilis, e — notabel, merkwürdig, bemerkenswert, ansehn-
  lich, beträchtlich; vgl. notabilia Schott.
Notarii Simpl. 156, -ien 506, -ius 511, -ium 723, Notari Vog.
  I, 328, Notarien Ges. 22, Büch. 41, 51, Dr. ä. E. 198,
  203, GW.

noticieu WVSS. 189.
notification GW., Notifikation BE. 68, 178, 253, KF. I, 488. fz.
notificirt Simpl., 464, 783, GW., BE. 65, 117, 163, 302.
notiones LL. — notio, gen. -onis — Notion, Begriff, Verstandesbegriff.
notirte Dr. ä. E. 205, JdE. 125, GW.
notitia Coll. — notitia < notus — Notiz, Kenntnis, Kunde, Nachricht, Bemerkung, Vermerk.
notitiones (secundae) Dr. ä. E. 84 (?) für notitia; s. d.
notorietet Coll. — notoriété — Notorietät, Offenkundigkeit. Weltkundigkeit. fz.
nouveautés BE. 79. fz.
Novelle Dr. ä. E., 220, novellis Coll. (3).
Novitäten Büch. 44.
Novitius Büch. 15 — novitius, a, um — Noviz, Novizius, Neuling, Probemönch.
novo WVSS. 205, 242, Coll., KL. II, 74, III, 7 — novus, a, um — neu, jung.
nuda UAE. — nudus, a, um — nackt, blofs.
numero UAE. — vgl. Numerus, Zahl im grammatischen Sinne Schott; Numerus, Zahl, Rhythmus MT.
Numeurs Vog. 1, 435 (?) fz.?
Nymphä Vog. 1, 341.
Nuntium KL. III, 19.

ob (defectum mandati) BE. 337 — ob — gegen-hin, nach-hin, nach, um-willen, wegen, für, gegen, entgegen etc.
obedientiam KL. IV, 20 — obedientia — Obedienz, Gehorsam, Dienstpflicht, klösterlicher Geleitsbrief, Besoldung der Domherrn aus liegenden Gründen.
obiter UAE. — obiter — obenhin, flüchtig, nebenher.
Objekte BE. 250, 250, ThB.
obiectivae ThB.
obligat WVSS. 157; vgl. obligat, verbunden MT.
Obligation Simpl. 533, UAE., BE. 240, 311, Stud. 457; OPf. VI, 495; vgl. Obligatio, Pflicht Schott.
obligiru Simpl. 592, 592, 931, Ges. 321, Dr. ä. E. 151, UAE., BE. 50, KL. III, 13 — obliger — obligieren, (zu Dank) verpflichten, anbinden, verpfänden, verbinden, nötigen, zwingen. fz.
obrestiret ThB. (?) für obretiren — obretire — obretiren, umstricken, umgarnen.
obruiren Dr. ä. E. 84, oberuiren HW. — obruëre — obruiren, überhäufen, überladen, überschütten, belasten.
obscoena (aequivoca) Dr. ä. E. 158 — obscoe- oder obscenus,

a, um — obscön, obszön, obscen, unanständig, schlüpfrig, anstöfsig, ekelhaft, schmutzig.
obscur Simpl. 642, Dr. ä. E. 122. fz.
obscuriret GW. — obscurare — obskurieren, verdunkeln, in Schatten stellen.
observanter GW. — observanter — sorgfältig.
Observanz BE. 86, 306, ThB., obseruanz KL. III, 80.
Observationes Vog. II, 194; vgl. Anmerkung Schott.
observirte Simpl. 687, 768, Dr. ä. E. 100, 103, 126, 139, 214, 215, UAE., Coll. (4), obseruirt KL. III, 9, OPf. VI, 24. fz.
obstacula WVSS. 238, 256, 266 — obstaculum — Obstakel, Hindernis, Schwierigkeit.
obstinirter WVSS. 207 — obstiner — obstiniren, hartnäckig auf etwas bestehen, sich verstocken, widerspenstig werden, — machen. fz.
Obstruction Dkw. 144 — obstruction — Obstruktion, Verbannung, Verschliefsung, Verstopfung. fz.
Occasion Simpl. 209. 350, 429, 693, 894, Dr. ä. E. 74, BE. 372, UAE., KL. II, 35 — occasion — Occasion, Okkasion, Gelegenheit, Veranlassung, Anlafs. fz.
occasionaliter KL. 75, adv. < occasional — occasionalis, e — occasional, occasionell (< fz. occasionnel, elle), gelegentlich, durch Gelegenheit.
occupat UAE. — occupatus, a, um — beschäftigt, eingenommen, angestellt; vertieft etc.
occupationes KL. III, 76 — occupatio, gen. -onis — Occupation, Okkupation, Einnehmung, Besitznehmung, Bemächtigung, Besetzung, Beschäftigung.
occupirte UAE., OPf. VI, 25. fz.
Occupierung GW. fz.
occurrentia Coll. — nlt. occurentia — Occurenz, Zufall, Gelegenheit, Lage.
Oceanum Simpl. 917.
Octav Simpl. 884.
Oculisten Simpl. 826. fz.
odios Coll. (3) — odiosus, a, um — odios, odiös (< fz. odieux, odieuse) verhafst, gehässig, ärgerlich, widrig, unausstehlich.
Odium UAE. — odium — Odium, Hafs, Abneigung, Ungunst, Feindschaft.
offendiret Ges. 321, Dr. ä. E. 31, 193, JdE. 228, UAE. — offendēre — offendiren, an etwas stofsen, angreifen, beleidigen, verletzen, beschädigen.
Offendirung UAE. < offendiren; vgl. offendiret.
Offensa JdE. 458 — offensa — Beleidigung, Beschimpfung, Ungnade, Unrecht.

— 93 —

Offension Ges. 72, UAE., KL. II, 49, III, 26 — offensio, gen.
-onis — Offension, Anstofs, Beleidigung.
offensis WVSS. 277, 314 — offensus, a, um — häfslich, beleidigend; beleidigt, verbittert.
offensive Simpl. 441, UAE.
offerirte Simpl. 931, JdE. 300, UAE., Stud. 463, KL. III, 17. HPh. 39, OPf. VI, 2.
Offerten Simpl. 473, 796, UAE. fz.
offertionirt KL. III, 113 (?) < Offert, Offerte, Anerbieten, Erbieten, Angebot, Vorschlag — offerieren, anbieten, vorschlagen. fz.
Officia Spring. 252, JdE. 90, 90, 254, 409 etc. KF. I, 488, OPf. VI, 2.
Official JdE. 644, KL. II, 123.
Officianten Simpl. 984, 995. fz.
*Officieren Simpl. 278, 296, 305, 351, 353 etc. Officiererin Simpl. 315 (Officiererinnen ADGK), Officier P. u. L. 41, 108, Officirer Dr. ä. E. 21, 22, 125, AsB. 46. fz.
*Officir(=Stellen) Dr. ä. E. 100. fz.
Oleum (Pappolium) Dr. ä. E. 91, O. peccatoris JdE. 169 — oleum — Öl.
Olla Potriden Simpl. 165, Olla Batriden 857, Ollipotridos Ges. 160 — olla podrida — Olla podrida, fauler Topf; span. Mischgericht aus Fleisch & Gemüse; vgl. Potpourri. sp.
Ombrage UAE. — ombrage — Ombrage, Schatten, Argwohn, Mifstrauen. fz.
Omen Simpl. 32, 342, 496, 655, 710.
o miracle OPf. VI, 272. fz.
ô mirum Simpl. 776 — mirus, a, um — wundervoll, aufserordentlich; vgl. quid mirum?
Omne Simpl. 826 (Omnes DG., Omnis K.) 886, 940, omni scibili Dr. ä. E. 79, omnis GW., FK.; omnibus modis BE. 232, in omnem euentum KL. III, 53. — omnis, omne — aller, alle, alles.
oncle OPf. VI, 341 — oncle — Onkel, Oheim. fz.
onera Coll., (cum) onere KL. II, 342 — onus, plur. onera — Onus, Last, Beschwerde, Bürde.
opera Ges., opere ThB., FK. — opus, gen. -eris — Opus, Handlung, Arbeit, Tat; Geschäft; Buch, Schrift; vgl. Operis Schott.
Operationen GW., BE. 200, 296, ThB.
operatrice OPf. VI, 28 — opératrice — Frau eines Wundarztes. fz.
operirte Vog. I, 329, Dr. ä. E. 183, Stud. 457.
opiniatrer UAE., opiniastre Dkw. 126, OPf. VI, 375. — opiniatre — opiniatre, halsstarrig, hartnäckig. fz.

Opiniatrität UAE. — opiniâtreté — Opiniatrität, Halsstarrigkeit. fz.
Opinion Simpl. 400, Büch. 55, BE. 51, UAE., KL. II, 14, 38, III, 5. 13. fz.
oportet Coll. — oportet, praes. von verb. impers. oportere — es ist nötig, gebührt sich; (als Subst.) das Mufs, der Zwang.
Opponenten LL.
opponirt Dr. ä. E. 204, UAE., Stud. 452.
opportune KL. IV, 93 — opportunus, a, um — opportun, opportūn (< fz. opportun, une), bequem, schicklich, günstig.
Opportunitäts-gründen UAE.
opposita ThB. — opposita, plur. oppositum — Opposita, Entgegenstellungen, Gegensätze.
Opposition BE. 275, 309, UAE., oposition OPf. VI, 315.
optimâ (formâ) Dr. ä. E. 188, KL. IV, 17 — optimus, a, um — der, die, das Beste, Edelste, Angesehenste.
opulentiae HPh. 310 — opulentia — Opulenz. Macht, Vermögen, Reichtum.
opus meritorium Ges. 98; s. opera; vgl. opus Werk MT.
Oracul Simpl. 252. Oraculum Apollonis 809, KJ. 694, 807.
Oratiis Dr. ä. E. 79.
Oration Dr. ä. E. 82, 87; vgl. oratio, Rede Schott.
Orator Simpl. 164, KL. II, 20, -ibus Z. RB. 6.
Oratoria Dr. ä. E. 87, oratorio FK., SpH., Stud. 461; vgl. Oratorium, grofse, geistliche Musik MT.
Oratorijd)en Dr. ä. E. 87.
ordinari Vog. I, 382, ordinari — Trunk JdE. 69, ordinari, Beichtkind JdE. 161, OPf. VI, 345, 350, 272.
ordinariè Coll. (3) < ordinarius, a, um, ordinär, ordentlich, gewöhnlich, gebräuchlich, gering, niedrig.
Ordinationen Coll. — ordination — Ordination, Ordnung, Einrichtung, Einsetzung in ein Amt, geistliche Amtsweihe. fz.
ordinem Coll. (Ordinem justum Schott.) — ordo, gen. -inis — grade Reihe, Ordnung, Klasse, Rang, Bedingung.
ordiniret Dkw. 37, 61, 171 — ordinare — ordinieren, verordnen, einrichten, in einen Orden aufnehmen, besonders in ein geistliches Amt einsetzen.
Ordre Simpl. 798, JdE. 471. fz.
Orient JdE. 475. fz.
*Original Simpl. 511, JdE. 47, BE. fz.
*originali UAE., originalia HPh. 16. fz.
originaliter KL. IV, 44 — originaliter — urkundlich, urschriftlich.
Originisten GM. 266 (?) < orīgo, gen. -inis, Anfang, Quelle, Geburt, Ursprung; Rasse, Familie; Ahnherr, Gründer.

Ornat Simpl. 679. (= Schmuck, Kirchenkleidungen.)
ornatum SpH. — ornatum, 1. supin. v. ornare, orniren, rüsten,
  schmücken, zieren, putzen.
orniren FK. — ornare — ornireu, rüsten, schmücken,
  putzen.
*Orthographia Simpl. 81; vgl. Rechtsschreibung Schott.
orthographice Simpl. 346.
ostentationen ThB. — ostentation — Ostentation, Auf-
  schneiderei, Schaustellung, Prahlerei. fz.
ostentiren Coll. — ostentare — ostentiren, hinhalten, zur
  Schau tragen, prahlen, grofs tun.

pacatam BE. 323 — pacare — zum Frieden bringen, Ruhe
  & Frieden schaffen, beruhigen, bändigen.
pacification WVSS. 193, KL. II, 72 — parcification — Parcifi-
  kation, Pazifikation, Friedensstiftung, -schlufs, Vermittelung. fz.
pacis UAE., BE. 249 — pax, gen. pacis — Vertrag, Vergleich,
  Friede.
*Pacten Simpl. 286, Pactis 70, Pacta UAE.
paedia (Cyri), Simpl. 894 — παιδεια — Lehre, Gelehrtheit,
  Erfahrenheit. — An betr. Stelle p. Cyri = Chiropädie. gr.
pagagien HW. für Bagagen — bagage — Bagage, Reisegepäck,
  Gepäck, Heergerät. fz.
Pagatell JdE. 366 für Bagatelle — bagatella — Bagatelle,
  Kleinigkeit, unnütze, geringfügige Sache, Lumperei, Posse. it.
Pagen BE. 172, 177, OPf. VI, 205. fz.
paix BE. 169 — paix — Friede, Friedensschlufs, öffentliche
  Ruhe, Sicherheit. fz.
palais OPf. VI, 313. fz.
Palatinus GW.
palissaden Ges. 56, pallisaden AsB. 150, Palisaden OZ. fz.
pangyrico HPh. 188 — πανηγυρικος — Panegyrikos, Pane-
  gyrikus, Lobpreisung, — Lobrede. gr.
Panolothria WVSS. 246 (= total ruin). ?
Panquet JdE. 53, 254, OPf. VI, 5. it.
papavero HPh. 323 — papaver — Mohn; vgl. Papaverin <
  nlt. papaverinum.
paqvet AsB. 62. fz.
par (sa médiation) BE. 82, UAE., par (Dieu) Simpl. 163, par
  nobile fratrum Dr. ä. E. 93 — par — durch, aus, in, bei,
  auf, mit, von, wegen, während, über. fz.
paradoxen Coll. gr.
parapet (Brustwehr) ZSp. — parapet — Parapet, Brustwehr,
  -lehne, Brüstung. fz./it.
parat Dr. ä. E. 20, paratum BE. 365, UAE.

Parcae P. u. L. 260.
pardon BE. 354, 355, 367, pardons GW. — pardon — Pardon, Vergebung, Verzeihung, Begnadigung. fz.
pardoniret UAE. — pardonner — pardoniren, vergeben, verzeihen, begnadigen, das Leben schenken. fz.
Parentela UAE. — parentela — Parentel, Verwandtschaft, Gesamtheit der Abkömmlinge von einem Stammvater.
parentum Coll. — parentum oder parentium, gen. plur. v. parens, gen., -entis — Vater oder Mutter, Eltern, Verwandter etc.
παρ ἔργον Dr. ä. E. 149 — παρ ἔργον — Parergon, Nebenwerk, -sache, -figur, Anhang. gr.
pares UAE., paribus GW. — pares — Gleiche, besonders Standesgleiche, Gleichvornehme.
παῤῥησίας Sch. 296 — παῤῥησία — Parrhesie, freies Reden, Freimütigkeit, Offenheit, Dreistigkeit. gr.
par force Dr. ä. E. 73. fr.
parirenden P. u. L. 108, Dr. ä. E. 11, Coll., WVSS. 286, 291, 292.
Parität BE. 77, UAE. — parité — Parität, Gleichheit. fz.
Parlament BE. 6, 11, 18, 19, 20, 21 (+ 361) UAE., OPf. VI, 341. it.
parlaren Spring. 228, parliren Vog. II, 176, parle Dkw. 233. it./fz.
Parodie Dr. ä. E. 78. fz.
Parol Beer. 307, Parola JdE. 448, 449, 459, 655 etc. Coll., Parolle Ges. 321, 322. 323. Parola UAE. fz.
Paroxysmum Dr. ä. E. 177. gr.
Part Simpl. 351, Partem 705, parte St.M. 339, part Vog. II, 11, à part BE. 303, partem principalem Dr. ä. E. 162. parte BE. 216, Coll. lt./fz.
Parthey Dr. ä. E. 41.
parteil WVSS. 122 (?) für partiel — partiel, le — einzeln, einen Teil von einem Ganzen ausmachend. fz.
partial GW. fz.
Partialitet BO. 675.
Participant UAE. — participant, ante — Partizipant, Teilnehmer, -haber, Mitgenosse. fz.
participirte Vog. II, 76, Dr. ä. E. 47, Coll., UAE., KL. IV, 22 — participer — partizipieren, Anteil nehmen, mitgeniefsen. fz.
Partikul Simpl. 265, 892, Partickel Vog. I, 353, 359.
particulae (connectendi) Dr. ä. E. 82, BE. 102 — particula — Partikel, Teilchen, Stückchen; (in der Sprachlehre) Redeteilchen, Formwörter.
Particular UAE.; (in) particulari KL. II, 62 — nlt. particularis, e — partikular, partikulär, einzeln, besonders, umständlich, genau.
particularia BE. 96, 205, 261, 300, 301, 328 (+ 1) — nlt.

particularia, plur. v. particulare — Partikularien, besondere Umstände, Einzelheiten, nähere Nachrichten etc.
particularisiren BE. 102. fz.
Particularitäten Simpl. 852, 918, WVSS. 193, 250, 296 — particularité — Partikularität, besonderer Umstand, Besonderheit. fz.
particulariter RPl. 330, KL. IV. 13 — particulariter, adv. v. particularis, e; s. Particular —.
particulier UAE. — particulier, -ière — partikülier, partikulier, besonders, genau, umständlich, privat, geheim. fz.
Parties UAE. fz.
Partisanen UAE. it.
partitur Dr. ä. E. 202; vgl. Partitur, Partitura, Partition, die schriftliche Übersicht aller Stimmen eines Tonstückes in geregelter Zusammenstellung MT.
partirt Simpl. 257, 461 — partire oder -ri — partiren, teilen, ab-, ein-, verteilen; heimlich entwenden, betrügerisch erwerben.
Partition UAE. fz.
Parucke Dr. ä. E. 31. fz.
pasagen OPf. VI, 4 für passagen. fz.
pasport OPf. VII, 347. fz.
Passion Simpl. 171, Passiones 1039, Passionibus Vog. II, 93, KL. III, 6, UAE, OPf. VI, 351. fz.
passiren Simpl. 159, D. u. A. 130, KJ. 751, Dr. ä. E. 101, 104, 107, 120, 121, Ges. 394, UAE. fz.
pasquilliret Büch. 51. < Pasquill, Pasquille < pasquillo — pasquillieren, pasquinieren, lästern, schmähen. it.
passion OPf. VI, 33. fz.
passive UAE. — passivus, a, um — passiv, leidend, untätig.
*Passquillen Ges. 36, Dr. ä. E. 39. it.
Pasfport GM. 270. fz.
Passum UAE., passu BE. 192.
Pastonaden Simpl. 171.
Pastor (paganus) Dr. ä. E. 146.
Patenta KJ. 711, UAE., BE. 188, 221, 309, 339, 356.
(ex) paterna (affectione) KL. III, 23 — paternus, a, um — patern, väterlich.
Patienten Büch. 1, Dr. ä. E. 118, 177, 178, HW. fz.
patientiren Simpl. 511, pacientirt TM. 393 — patienter — patientiren, Geduld haben, sich gedulden. fz.
Patientz Sipl. 512, Patientia Ges. 224, 342, JdE. 24, UAE., patienta Coll. — patientia — Patienz, Patience, Geduld, Ertragung; auch ein Kartenspiel für 1 oder 2 Personen.
Patres Simpl. 678, Patribus Vog. I 384, Pater Ges. 13, 14 etc.

Patrum Ges. 27, Pater Dr. ä. E. 50, HW., BE. 173 — pater, gen. patris — Pater, Vater; Benennung eines Geistlichen (b. d. Katholiken).
Patriae Coll. (2), Stud. 459.
Patrici Coll. (2).
Patrimonium Spring. 177, Coll. (2) — patrimonium, — Patrimonium, vom Vater geerbtes Gut, Erbgut, -vermögen.
*Patrioten WVSS. 107, Coll. fz.
Patronen Vog. II, 231, D u. A. 5, 172, Dr. ä. E. 29, 85, 176, 186, 205 etc. GW., Coll. (2).
Patronin P u. L. 207, JdE. 708, SHB.
paviglion HPh. 353 = pavillon — pavillon — Pavillon, Zelt, Zelthaus, -dach, -bett, Sommer-, Gartenhaus. fz.
Peccatrix JdE. 692. — peccatrix, gen. -icis — Sünderin; sündig, sündigend.
peccavi JdE. 693. — peccare — peccavi: ich habe gesündigt; (als Subst.) Sündenbekenntnis.
peccieret GW. — peccare — peecieren, pekzieren, sich vergehen, etwas versehen, fehlen, sündigen.
pecora TR. — pecus, plur. pecora — Pecus, Vieh, dummer, roher Mensch.
peculium Coll. — peculium — Pekulium, Pekuliar-Vermögen, Eigengut, selbsterworbenes Vermögen.
Pedarden JdE. 408. fz.
Pedell JdE. 73.
penetriren Simpl. 104, UAE. — pénétrer — penetriren, hineinfügen, durchdringen, ergründen, erforschen. fz.
Penitentz Vog. II, 68 — pénitence — Reue, Bufse, Strafe, Beichte. fz.
Pension Simpl. 866, UAE., OPf. VI, 61, pention OPf. VI, 9. fz.
pensiv UAE.
per UAE., p. exempla Dr. ä. E. 83, p. directum Dr. ä. E. 140, p. indirectum 140, p. legitimam retorsionem Dr. ä. E. 201, p. Sapientam 163, p. Dieu Vog. I, 291, p. memoriale Ew.C. 208, p. pedes Vog. II, 195, p. (Wechjel) Simpl. 1038 etc.
peramicè Sch. 294. < peramicus, a, um — sehr freundschaftlich.
perceptione Coll. — perception — Perception, Einnahme, Wahrnehmung, Vorstellung. fz.
Perdon Vog. II, 72, WVSS. 331, 333. fz.
perdonieren WVSS. 326, 331. fz.
perduellionis UAE. — perduellio, gen. -onis — Perduellion, feindseliges Betragen, Hoch-, Landesverrat.
peregrina (vocabula) GM. 266 — peregrinus, a, um — peregrin, fremd, ausländisch.

Peregrination LL. — pérégrination — Peregrination, Aufenthalt in einem fremden Lande, in der Fremde. fz.
peremtorischer BE. 196, 251, 279, KF. I, 493 — peremptorius, a, um — peremptorisch; tötend, tödlich; unbedingt; vernichtend.
perfect Simpl. 252, 254, 692, KJ. 774, Dr. ä. E. 26, 29, 32, 44, 82, 202 etc. OPf. VI, 348.
Perfection Simpl. 71, LL. fz.
perfectionirt Simpl. 220, Dr. ä. E. 43, 107. fz.
pergamentine Simpl. 826. < Pergament < pergamentum — Pergament, Schreibleder, Hautpapier.
periculum BE. 285, 336, UAE., KL. II, 42, III, 29 — periculum — Versuch, Probe, Gefahr.
periklitiren BE. 57, 315, KL. III, 27 — periclitari — periklitiren, Gefahr laufen; wagen, versuchen.
perlutirn Simpl. 546 (?) (verlutiren G.) für verlutiren < lutum, Kot, Ton, Kitt — verkitten, mit Lehm verkleben.
permanent Stud. 509.
perorirte Simpl. 1017 — pérorer — perorieren, zu Ende bringen, etwas erörtern, eine Rede halten. fz.
perpetuirliche UAE.
perplex BE. 255, UAE.
perruque Ges. 100 — perruque — Perrücke, künstliche Kopfbedeckung; vgl. perücke OPf. VI, 347. fz.
persequiren GW. — persequi — persequiren, persecutiren (< persécuter), nach-, verfolgen; fortsetzen, plagen.
Personage BE. 164, OPf. VI, 28. fz.
personalis UAE.
Perspectiv JdE. 641.
persuadirt Simpl. 460, 490 (instruiret GK.), 770, 988, D. u. A. 195, WVSS. 113, 160, 180, OPf. VI, 39 — persuader — persuadieren, überreden, -zeugen, bereden. fz.
persuasion WVSS. 114, 277, 333, KL. II, 63 — persuasion — Persuasion, Über-, Beredung. fz.
persuatif OPf. VI, 407, für persuasif, ve — überredend, überzeugend. fz.
(un)perturbirt KL. III, 14 — perturbare — perturbiren, verwirren, beunruhigen, bestürzt machen.
Pest Simpl. 532 (Pestilenz ADGK.) 580, 600.
Pestilenz Simpl. 996, Pestilentz P. u. L. 145, Ges. 248.
petitorio KL. III, 43 — petitorius, a, um — petitorisch, eine Bitte, Klage betreffend, dazu gehörig.
Phaenomena Dr. ä. E. 164. gr.
*Phantasie P. u. L. 100, Phantasey JdE. 2, 3, 3, AsB. 298, ThB.; vgl. Phantasia, Einbildungskraft Schott. gr.
phantasieren JdE. 372. gr.

*Phantast Simpl. 145, 166, JdE. 341, 622. gr.
Pharmaca Simpl. 696 — φαρμακον, plur. -κα — künstliches
  Mittel, Heil-, Färbe-, Gegenmittel; Gift, Zaubertrank. gr.
φιλαύτους Ges. 18 — φιλαυτος, ον — sich selbst liebend;
  egoistisch. gr.
philologiam Ges. 104. gr.
philologos Dr. ä. E. 83, -us 88, 88, -i 102. gr.
philosophicum FK. gr.
Philosophie Simpl. 246, Philosophiam naturalem KJ. 637, Ges. 43,
  -iae Dr. ä. E. 164, -ae FK., LL., philosophia practica
  Stud. 449. gr.
philosophirten KJ. 637, Ges. 104. gr.
philosophiſche Büch. 7. gr.
Philosophus Simpl. 71, philosophicis Dr. ä. E. 79, Philosophi
  Dr. ä. E. 164, -um 83, -us 88, JdE. 688, 692, -is Z. RB. 6
  (= Weltweiser Gueinz). gr.
phlegmatiſche JdE. 2. gr.
phrasen ThB.; vgl. phrasis, Redensart Schott. gr.
Physi Vog. I, 342 — φυσις — Natur, Temperament, Art, Be-
  schaffenheit. gr.
Physica FK. gr.
Physiognomiam Simpl. 281, KJ. 665, 667 — φυσιογνωμονια —
  Physiognomie, Gesichtskunde, -züge, -bildung, -ausdruck. gr.
Physiognomist KJ. 666 < Physiognomie; s. Physiognomiam. gr.
φύσις SpH.; vgl. ή φύσις Schott. — φυσις — s. Physi. gr.
Pickieren Gauck. 320. fz.
pie ThB. — pié — Pié, ein Fuſs oder Schuh (als Längenmaſs). sp.
pietatis ThB., FK., Stud. 457, 460 — pietas, gen. -tatis —
  Pietät, Frömmigkeit, Gottesfurcht, Liebe, Sanftmut, Milde.
Pietismum ThB.
pignoris (loco) BE. 216 — pignus, gen. -oris oder -eris —
  Pignus, Pfand, Unterpfand; Pfandvertrag, -recht.
Pikanterien RE. 43. fz.
Pillulen Simpl. 825, JdE. 468.
Pistolet Simpl. 557. fz.
Piquen Vog. II, 175, 180. fz.
Piquenirern Simpl. 105. fz.
Place d'arme HW. für Place d'armes — place d'armes —
  Waffenplatz. fz.
placebo Ges. 157, placitum BE. 219, placet KL. IV, 16 —
  placēre — gefallen, vergnügen, ergötzen; befriedigen; be-
  sänftigen.
placiren OPf. VI, 375. fz.
placitiren WVSS. 196, 277, placidiret BE. 55 — nlt. placitare
  — placitiren, genehmigen, gutheiſsen.

Plagiaris Büch. 46.
plaisir Dr. ä. E. 48. fz.
plano Coll. — planus, a, um — plan, platt, eben, flach; leicht, deutlich, fafslich.
Plenipotentiarii UAE., -iärs BE. 48 — nlt. plenipotentiarius, fz. plénipotentiaire — Bevollmächtigter, besonders bevollmächtigter Gesandter. lt./fz.
Plenipotenz WVSS. 138, 169, 239, 250, plenipotentiam KL. II, 17 — plenipotentia — Plenipotenz, Pleinpouvoir (< fz. plein pouvoir), Vollmacht, unbeschränkte Macht, freie Hand (etwas zu tun, betreiben).
plenissime BE. 135 < plenissimus, superl. v. plenus, a, um, voll (tüchtig), völlig, unbeschränkt, vollständig.
plenitudine KL. II, 22 — plenitudo, gen. -inis — Fülle, Überflufs, Vollständigkeit, Vollkommenheit.
pleno BE. 105; s. plenissime.
plesant JdE. 101 für plaisant — plaisant, -ante — plaisant, anmutig, lustig, drollig, lächerlich. fz.
plesanterie OPf. VI, 51 für plaisanterie — plaisanterie — Scherz, Spafs, Spott. fz.
Plümerant Simpl. 294, 297. fz.
*Pocal Simpl. 444. it.
podagra BE. 115, ThB. gr.
poena HW. — poena — Pön, Strafe, Bufse.
Poeten P. u. L. 109, 109, 130, Ges. 229, Poetae Comici Ges. 16.
poenitere Ges. 61 — poenitēre — bereuen; vgl. poenitet, ich bereue, es reut mich.
poignardiren OPf. VI, 40 — poignarder — erdolchen, tödlich betrüben fz.
point OPf. VI, 313 — point — Punkt, Stich, Spitze, Strich, Strickerei etc. fz.
polirter AsB. 82.
polis OPf. VI, 444 — poli, e — glatt, poliert, höflich. fz.
Politica Dr. ä. E. 148, 168.
Politicis D. u. A. 3, Büch. 15, 30, Dr. ä. E. 32, 151, 163, 193, BE. 361, Stud. 452.
*Pommerantzen Dkw. 223.
ponderirten KL. III, 27 — ponderare — ponderieren, abwägen, überlegen.
Ponto Simpl. 221, Pont JdE. 702.
Populi WVSS. 277.
Porte UAE., Dkw. 185. fz.
portion Vog. II, 109, HW.
portiren ThB. — porter — sich für jemand portieren, verwenden etc. fz.

Positivem BE. 80, 282, 302, positivam FK. fz.
positivement OPf. VI, 347 — positivement — gewifs, sicher,
allerdings fz.
posito ThB.
Positur UAE.
Pofs Simpl. 530, Possen 553, 557, 613, 624, 705 etc. Possenreifser 825, KJ. 661, 671, 763, Büch. 32, Dr. ä. E. 46, 53,
57, 219 etc. Dkw. 95, 126, OPf. VII, 347. it.
Possament Simpl. 894 (Possamenten EDGK.) für Passement,
plur. -mente, -menten — passement — Passement, gewirkte
Borte, Schnur, Tresse. fz.
possediert KL. II, 57 — posséder — possidieren, besitzen,
innehaben. fz.
Possenreißerisch Simpl. 1011.
Possess P. u. L. 150, Dr. ä. E. 199, 199.
Possession Simpl. 109, P. u. L. 96, 158, 214, UAE., BE. 77,
373, KL. II, 66, OPf. VI, 49 — possession — Possession,
Besitz, Besitzung, Eigentum, Besitztum; Besessensein. fz.
Possessore Vog. II, 6, possessores HW., Coll. — possessor
— Possessor, plur. -oren, Besitzer, Inhaber, Eigentümer.
possideatis BE. 177, Vog. II, 6 — possidēre und possidēre
— possidieren; s. possediert.
possierer HPh. 54. it.
possierliche Simpl. 620, 1008, Dr. ä. E. 25, 126, 128, 198 —
OPf. VI, 24, 359. it.
possiert JdE. 475 < Posse — possieren (kommt jetzt nicht
mehr vor), Gebärden machen.
Posten Simpl. 179, 239, 352, AsB. 325. fz.
Posteriora Büch. 22, ThB. — posterior, us, compar. v. posterus,
a, um, nachfolgend, -kommend.
Posterität GW., HW., Simpl. 45, 111, P. u. L. 20, 97, 103, KL.
II, 21, posteritet Coll.
*Postillionen Simpl. 531. it.
postirten Simpl. 412, GW., HW. fz.
posto BE. 194, Posti GW.
Postregale UAE.
postscripta BE. 308, 310.
Postulata UAE., KL. II, 337 — postulatum, plur. -lata —
Postulat, plur. -late, Forderungssatz, Forderung, Aufgabe
(in der Mathematik).
postuliren WVSS. 273 — postuler — postulieren, auf etwas
dringen, beantragen, auffordern, verlangen, begehren, berufen,
ernennen. fz.
Postur Simpl. 128, Posturen 190 (Posituren K.) KJ. 686, UAE. fz.
Potagen Simpl. 165 — potage — Potage, Suppe. fz.

*Potentaten Simpl. 199, KJ. 748, Dr. ä. E. 24, Ges. 40, 146, 325, BE. 304, 343, UAE.
potentia Simpl. 71, Coll. (2) — potentia — Potenz, Macht, Gewalt, Kraft, Ansehen; (in der Mathematik) die Stufe, auf welche eine Zahl durch Division erniedrigt wird.
potestatis KL. II, 22 — potestas, gen. -tatis — Potestät, Vermögen, Macht, Gewalt, Kraft.
pour BE. 287 — pour — für, um, gegen, zu, an, nach, auf, wegen etc. fz.
poussiren WVSS. 197. fz.
Präbenden UAE., praebenden Dr. ä. E. 49.
präcaviren UAE., BE. 369 — praecavere — präkaviren, (sich) in acht nehmen, vorsehen, Vorsicht gebrauchen, vorbeugen.
Präcedenz UAE., praecedenz Dr. ä. E. 119, 198, praecedentium UAE. — nlt. praecedentia — Präcedens, Präzedens, Vorgang, -rang, -zug, -tritt, -sitz.
präcipitiren SHB., praecipitirten UAE. — précipiter — präcipitiren, herabstürzen, beschleunigen, zu Boden fallen; niederschlagen (in der Chemie). fz.
Practicanten Vog. II, 89.
practicirt Simpl. 85, 151, 214, 469, 624, 900, 919 etc. Coll.; JdE. 322, Dr. ä. E. 26, 33 etc. Büch. 46, KL. III, 7.
Practicus Dr. ä. E. 181.
practicirlich WVSS. 185, Coll.
Practiquen Simpl. 326, Practic 1043, practicen WVSS. 163. 174, 188, 312.
prädestiniret Simpl. 643, 1011, prätestiniret Vog. 1, 398.
Prädicamenten UAE.
Prädicant RPl. 323, -in Vog. I, 309, 311, 312 etc.
prae Ges. 58. — prae — prä, vor; vgl. das Prä haben, im Vorteil sein, den Vorrang haben.
praecepta (Logices) Dr. ä. E. 8. — praeceptum — Präzept, Vorschrift, Regel, Befehl, Gebot, Lehre.
Praeceptor P. u. L. 228, -es Ges. 90, Dr. ä. E. 43, 73, 83, 87, -es 84, 86, -ibus 155 etc., -orum UAE.
praeceptorirten Dr. ä. E. 177 < praeceptor, Befehlshaber, Lehrer etc. — präceptoriren, Unterricht geben, schulmeistern.
praecipitanten KL. II, 50 < praecipitans, gen. -tantis, präzipitant, eilig, schnell.
praecise UAE.
praedestination Dr. ä. E. 48; vgl. praedestinatio Vorversehung, Gnadenwahl Schott.; s. praetestination.
praedicabilia LL. < praedicabilis, e — prädicabel, sagenswert, rühmlich.

praedicamenta Dr. ä. E. 146, post-praedicamenta Dr. ä. E. 147.
Praedicat UAE.
Praedicatores JdE. 241.
Praedicatur UAE.
Praeeminenz Simpl. 617, WVSS., Präeminenz GW,. (in) praeminentia KL. III, 136 — prééminence — Präeminenz, Vortrefflichkeit, Vorzug. fz.
praefation ThB., FK. — praefatio, gen. -onis — Präfation, Vorrede, Eingang, Einleitung, Vorbericht.
Praefecturen Simpl. 914.
praeiuditio KL. III, 8 für praejudicio; Praejudicium UAE. — praejudicium — Präjudiz (< fz. préjudice), Vorurteil.
praejudiciren Büch. 32, BE. 78, UAE., KL. III, 7; s. präjudiciren.
praejudicirlich UAE.; s. (un)präjudicirlich.
Praelaten Dr. ä. E. 51, Coll. (7).
Praeliminar Dr. ä. E. 38.
Praeludium Veneris Simpl. 189, D. u. A. 185.
praemeditirten UAE. — praemeditari — prämeditieren, vorausdenken, -bedenken, -überlegen.
Praemissis UAE.
Praeoccupation FK. — praeoccupatio, gen. -onis — Präoccupation, Präokkupation, Voreinnahme, vorgefafste Meinung.
praeoccupirt ThB. — praeoccupere — präoccupieren, präokkupieren, sich vorher bemächtigen, vorgreifen, zuvorkommen.
Praeparatoria < WVSS. 247, KL. II, 125, HPh. 71 — praeparatorius, a, um — präparatorisch, vorbereitend.
Praerogativ JdE. 473, BE. 161, 368, 369, 371, 373 Coll.; s. Prärogative.
praescribirte Coll. (2) — praescribere — präskribiren, vorschreiben, verordnen, gebieten; verjähren.
praescription Coll., Z. RB. 18; s. prescription.
Praesent KJ. 790, Vog. II, 122, AsB. 38, Stud. 280, HPh. 165 — présent — Präsent (plur. -te), Geschenk. fz.
Praesentation RPl. 324.
praesentiren Simpl. 201, 277, 462, 540, anpraesentirt 438, Dr. ä. E. 46, 104, 202, UAE., Coll.
praesentissimi UAE. — praesentissimus, superl. v. praesens, gen. -sentis, gegenwärtig, anwesend.
praesenz WVSS. 177, 233, praesens GW., Coll. (= gegenwärtige Zeit Schott.).
praesident Dr. ä. E. 24, UAE.
praestiret Büch. 85, praestandi UAE., Coll. (3) — praestare — prästieren, leisten, haften für.

praesumptio Dr. ä. E. 85, KL. IV, 27 — praesumptio, gen.
— Präsumtion, Voraussetzung, Vermutung, Argwohn.
Praetension Vog. II. 87, BE. 52, 314, 315. it.
praetentiren Simpl. 871, praetendiren BE. 373.
praeteritas KL. II, 337 — praeteritus, a, um, part. perf. v.
praeterire — vergangen, verflossen.
praetestination KL. II, 20 für praedestination — prédestination
— Prädestination, Vorherbestimmung, (in der Kirchenspr.)
Vorauserwählung (zur Seligkeit). fz.
praeualciren KL. IV, 91 (?) für praevalieren, praevaliern s. d.
praevaliern HPh. 5 — praevalēre — prävalieren, vorherrschen,
überwiegen; Macht, Einflufs, Ansehen haben.
praeviis BE. 47 — praevius, a, um — vorhergehend, den
Weg weisend.
präferieren GW., praeferieren HW. — préférer — präferieren,
vortragen, Vorzug geben, höher achten, mehr schätzen. fz.
Pragmatic Coll. (9).
praejudiciren BE. 78 — praejudicare — präjudizieren, über
etwas vorher urteilen, benachteiligen, schädlich sein, beeinträchtigen.
(un)präjudicirlich KL. II, 23, BO. 675 < Präjudiz < fz. préjudice, lt. praejudicium — (un)präjudizierlich, (nicht)vorgreifend;
vgl. präjudicial < lt. praejudicialis, e; präjudiziell < fz.
prejudiciel, elle. fz./lt.
präkavirt BE. 369 — praecavere — präkaviren, (sich) in Acht
nehmen, Vorsicht gebrauchen, sich vorsehen.
Praktikanten WVSS. 311.
Prälat UAE.
Prälaturen UAE.
präoccupiert GW. — préoccuper — präoccupieren, sich vorher
bemächtigen, vorgreifen, zuvorkommen. fz.
präpariret UAE.
Prärogative BE. 161, 368, 369, 371, 373 — prérogative —
Prärogative, Prärogativ, Vorrecht, -wahl, -walsrecht. fz.
Präsidenten UAE.
präsupponirte FK. — nlt. praesupponere — präsupponiren,
voraussetzen, als wahr annehmen.
Prätension BE. 52, 314, 315, GW.
prätendiren BE. 373, UAE., prätentire WVSS. 156, praetentiren KL. II, 12 — prétendre — prätendieren, fordern, begehren, verlangen, behaupten, Anspruch auf etwas machen. fz.
präterieren GW. — praeterire — präteriren, vorübergehen,
übergehen.
pratiquen OPf. VI, 346 — pratique — Praxis, Übung, Verfahren. fz.

präveniren UAE. — prévenir — prävenieren, zuvorkommen,
vorgreifen, verhüten, hindern. fz.
praxis ThB., vgl. Praxis, Ausübung, Schott.
precario ThB. — precarius, a, um — prekär (< fz. precaire),
unsicher, ungewifs, schwankend.
precepten OPf. VI, 17.
precibus FK. — prex, gen. precis — Bitte, Gebet.
precis Dkw. 203. fz.
Premier Ministre Dkw. 28, 41; premier OPf. VI, 54. fz.
preparatoria Dkw. 178 < praeparatorius, a, um — Präparatoria
oder -en, vorläufige Anstalten, Zurüstungen, Vorbereitungen.
prescription Coll. — préscription — Präscription, Vorschrift,
Verjährung.
presentiren Dkw. 222, pressentirt OPf. VI, 359, 374. fz.
pressentiment OPf. VI, 441 — pressentiment — Ahnung, Vorgefühl. fz.
president OPf. VI, 312 für president.
pressuren WVSS. 112. fz.
presumption HW., vgl. praesumptio.
pretendiren OPf. VI, 370 — prétendre — pretendieren, beanspruchen etc. fz.
pretium Stud. 452 — pretium — Wert, Preis, Lohn, Belohnung.
prima (plana) (?) Simpl. 693, primam Büch. 48, primae Dr. ä. E.
84, primi UAE., primo Coll., Primum mobile Simpl. 41, P.
immobile P. u. L. 60, Primu moto iracundiae Dr. ä. E. 198.
— primus, a, um — der, die, das Erste.
primario BE. 76, 77, 87, 181 — primarius — der Erste, Oberste;
vgl. pastor primarius, Haupt-, Oberprediger.
Primas UAE. — primas, gen. -matis — Primas (plur. Primaten),
einer der Ersten, Obersten, Vornchmsten.
prince du sang OPf. VI, 439 — prince du sang — Prinz v.
Geblüt. fz.
Prinzessin OPf. VI, 44, printzessin 371, printzes 371, princessinen
371. fz.
principal (negotien) KL. III, 5. fz.
Principal P. u. L. 218. 245, -in 218, BE. 51, 69, 108, 113, 245,
249 (+9), GW., HW. fz.
principaliter BE. 19, GW., HW., KL. III, 15, adv. v. principal
— principal, ale — principal, ursprünglich, hauptsächlich,
vornehmlich. fz.
principia Simpl. 28, 1045, Dr. ä. E. 92, 114, P. u. L. 7, Principiorum (Theologicorum) Ges. 43 — principium — Prinzip
(Plur. -pien), Ursprung, Grund, Grundsatz, Beweggrund.
principaleste, prinzipaleste KJ. 666. fz.
principe UAE. fz.

*Priores JdE. 107.
*priori ThB.
prioritet Coll. — prioritas.   -tatis — Priorität, Vorzug,
  -recht, -gang, -rang.
Privat BE. 34, 46, 62, 116, 150, 211 (+ 7), Privat-Collegium
  Dr. ä. E. 86, P.-Processe LL., privatim SpH., Dr. ä. E. 86, 88.
privatissimus FK., Stud. 452.
Privilegium Simpl. 405, 598, Büch. 39, 39, 40, 40 etc. Dr. ä. E.
  22, JdE. 299, BE. 20, 41, 102, 201, KL. III, 13.
privilegirte Coll. (4).
privirt KL III, 88, IV, 83 — priver — priviren, vereinzeln,
  berauben, befreien   fz.
pro BE. 83, 116, 206, 209, 238, 248 (+ 1), UAE., pro captu
  Dr. ä. E. 88, p. cento 52, pro forma Vog. II, 62, p. hospite
  Dr. ä. E. 153.
Probier(=Jahr) Simpl. 110, P. u. L. 42, WVSS. 226, Coll.
Probleme LL.   fz.
Procancellario FK. — nlt. procancellarius — Prokanzler,
  Stellvertreter eines Kanzlers.
procedendi BE. 25, 190, 254 — procedĕre — procedieren,
  prozedieren, fortgehen, -schreiten, vorrücken, zu Werke
  gehen, verfahren.
Procedere UAE., KL. IV, 15 < procedĕre; s. procedendi —
  Procedere, Prozedere, Verfahren, besonders in der chemischen
  Industrie.
procediren UAE., Coll. (3), KL. II, 50.   fz.
Procedur BE. 50, Dr. ä. E. 93, 154, JdE. 314, 316, 318, 332.
Procent BE. 25, 131, 230.
Proceribus ThB. — plur. proceres — Proceres, Vornehmste,
  höchste spanische Standespersonen, Reichsräte.
processen Ges. 16, 28, Büch. 18, Coll. (11), OPf. VI, 371.
procession JdE. 268, 360, 540, 680.   fz.
Proclamation UAE.   fz.
proclamiret UAE.   fz.
Procuratoren Ges. 16, HW.
procuriren Coll.   fz.
profanatione UAE. — profanatio, gen. -onis — Profanation,
  Profanierung, Entweihung, Schändung, Mifsbrauch.
profanis UAE., prophan WVSS. 190, 193, 207 — profanus, a, um
  — profan, unheilig, gemein, ungeistlich, unkirchlich, weltlich.
profectus Dr. ä. E., UAE. — profectus < proficere — Pro-
  fectus, Fortschreiten, Wachstum, Nutzen; plur. Profectus,
  Fortschritte in Kenntnissen.
Profession Simpl. 380, Dr. ä. E. 105, 125, 202, 204, JdE. 228,
  651, AsB. 86, 87, HPh. 61.   fz.

Professium Vog. I, 324, 603.
Professores Büch. 55, Dr. ä. E. 50, Professor Mathematicum Dr. ä. E. 125, P. Poesos Dr. ä. E. 125.
*Profiant GW. it.
Profiantier HW. it.
profiantiern HW. it.
Proficiat JdE. 105 — proficiat, 3. pers. sing. conj. praes. act. v. proficere — es gedeihe, wohl bekomm's!
Profit KJ. 645, WVSS. 130. fz.
profitablen Vog. II, 124. fz.
profittiren OPf. VI, 316. fz.
Profos JdE. 439.
Prognosticanten Vog. II, 82.
prognosticirte Simpl. 293, Dr. ä. E. 95, KJ. 706, 789.
Prognosticken D. u. A. 68.
Programmata Dr. ä. E. 158.
Progress Simpl. 1017, UAE., KL. IV, 3, HPh. 664 — progressus — Vorwärtsschreiten, Fortschritt, Wachstum, Zunehmen.
Prohibition BE. 56 — prohibition — Prohibition, Zurückhaltung, Verhinderung, Verbot. fz.
Projekt BE. 155, 167, 169, 205, 221, 248 (+ 37) Projectes UAE.
projektirte BE. 81, 82, 191, 198, 203, 204 (+ 5), projectirende ThB.
Projektirung BE. 241.
Proklamation BE. 302, 302. fz.
Prolongation BE. 261 — prolongation — Prolongation, Verlängerung, Frist, Aufschub. fz.
prolongiren UAE. — prolonger — prolongieren, verlängern, aufschieben, fristen. fz.
Prolongirung UAE. < prolongiren; s. d. fz.
Promessen Simpl. 220, 333, 687, 787, 803, 837. fz.
promissionen WVSS. 270 — promission — Promission, Versprechung, Verheifsung. fz.
promittiret FK. — promettre — promittiren, versichern, versprechen, verheifsen. fz.
Promotion JdE. 576, LL.
promoviren JdE. 92, 93, 419.
prompt (Sch. 296); vgl. promtus, fertig Schott. fz.
Pronocation KF. I, 493 (?) für Provocation — provocation — Provokation, Aufforderung, Herausforderung zum Zweikampf, Berufung auf ein höheres Gericht. fz.
Pronotariis KF. I, 488. ?
Pronunciation Büch. 52, Dr. ä. E. 129 — prononciation — Pronunziation, Ausspruch, -druck, Bekanntmachung. fz.

proponirt UAE., Coll. (3), OPf. VI, 47.
Proportion Simpl. 709, 1019 (Ebenmafs Harsd.).
proportionirte Simpl. 55, 1045. iz.
propos WVSS. 178, Dkw. 47. fz.
Proposition BE. 135, 197, 281, 281, -es Z. RB. 145, UAE., KL. II, 18. fz.
propositum GW., Coll., HPh. 7 — propositum — Propos, Vor-, Vorder-, Hauptsatz, Entchlufs, Ausschlag, Rede, Äufserung.
proprio BE. 43, 85, 125, 128, 140, propriam HPh. 163, UAE., KL. III, 54 — proprius, a, um — eigen, eigentümlich, dauerhaft, passend.
propter HW., Coll., KL. III, 348, HPh. 54 — propter — nahe, nahe bei, zur Hand, wegen, weil, vermittelst.
Prorogation BE. 36, 79, 92, 160, 161, 262 (+ 8), KL. IV, 34 — prorogation — Prorogation, Verlängerung, Aufschub, Vertagung, Frist. fz.
prorogirt HW., KL. III, 71, IV, 34. fz.
Prorogirung BE. 160 < prorogiren.
prosequiret UAE., KL. III, 48 — prosequi — prosequieren, verfolgen, gerichtlich belangen, verklagen.
prosit Sch. 106.
prosperite Simpl. 640, P. u. L. 788, JdE. 305, 306, UAE. — prospérer — prosperieren, Glück haben, -machen, gedeihen, gelingen, gut fortkommen. fz.
Prosperität Simpl. 341, prosperitet WVSS. 198, 298 — prosperitas, gen. -tatis — Prosperität, Gedeihen, Glück, Wohlergehen.
prostirirarum StM. 331 (?) für Posterität (Nachkommenschaft). ?
prostituirt Dr. ä. E. 152, ThB., SpH. fz.
Protection JdE. 514, BE. 330, UAE., KF. I, 488. fz.
Protector Simpl. 872, JdE. 515, -ris Dr. ä. E. 214, UAE.
Protestation UAE., Dkw. 54; OPf. VI, 377. fz.
Protestirenden BE. 22, 85, 267, 274, 344, 352 (+ 6).
protestirten Simpl. 988, P. u. L. 94, UAE.
Protocoll Simpl. 842, Dkw. 44, 57, UAE., JdE. 14. gr.
protocolliren UAE.
Proveditorn Z. RB. 22 — nlt. proveditor — Proveditor, Oberaufseher.
Proverbium GW.
*Proviant Simpl. 239, 262, 263, 264, 356, 363, KJ. 755, GW., Dkw. 31. it.
proviantieren JdE. 269. it.
Verproviantirung BE. 59. it.

Providentz RPl. 306, Providenz JdE. 335, 336, 341, 359.
prov idi ret Dkw. 167 — providere — providieren, mit den Sterbesakramenten versehen, die letzte Ölung geben.
Provision BE. 308, GW., HW., Z. RB. 24. fz.
proviso Coll.
provocant Dr. ä. E. 22, 90.
Provocation KF. I, 488.
provociren Dr. ä. E. 90, ThB.
*Provosen Simpl. 286, 295, 296, 301, 321, 325 etc. fz.
prudenter KL. IV, 16, 56 — adv. v. prudens, gen. -dentis — prudent, vorhersehend, kundig, schlau, vorsichtig, besonnen.
prudentz WVSS. 240, 284, -z ThB. — prudence — Prudenz, Klug-, Schlauheit, Vorsicht. fz.
psalmos FK. (= Andachtslied Zesen).
Publicanen Simpl. 148 — publicanus — Steuerpächter, nehmer, -empfänger.
publication Coll. fz.
publice Stud. 452, 506.
publiciren Simpl. 401, Dr. ä. E. 132, BE. 59, UAE., vgl. publicirte Schott.
(in) publicis BE. 22, 110, UAE.; vgl. publica Schott.
Publicum WVSS. 240, Coll.
Puders Simpl. 118, 227 (Haar-Pulver ADGK.). fz.
(in) punkto BE. 75, (in) puncto BE. 291.
punctual P. u. L. 13, punctuelſte UAE. — nlt. punctualis, e — punctuell, pünktlich, genau.
Punctualität UAE. — nlt. punctualitas, gen. -tatis — Punctualität, Pünktlichkeit, Genauigkeit.
punctualiter P. u. L. 89, adv. < punctualis, e.; s. punctual.
pupillen HPh. 6. fz.
*pur(lautern) Simpl. 1038, puren TM. 411, JdE. 33, pure WVSS. 327. fz.
*Purgation Simpl. 180, 251, 1043. fz.
*purgiren Simpl. 864, purgiert WVSS. 227. fz.

qua BE. 157, UAE. — adv., abl. fem. v. qui — in welcher Richtung, wo, insofern, wie.
quaestiones KL. II, 67 — quaestio, gen. -onis — Quästion, Untersuchung, Frage, Folter.
quaguliret Dkw. 219 (?) = coaguliret; s. coagulirn = koagulieren etc.
qualificirten Vog. II, 76, 129, Dr. ä. E. 24, 24, 177, BE. 67, KF.
Qualitäten Simpl. 213, 230, 233, 277, 292, 548, 771 etc..,Dr. ä. E. 48, 55, 148, 185, UAE., -teten P. u. L. 107, 137, 166, 180, JdE. 622, Dkw. 33, -tates KL. III, 23, IV, 37, OPf. VI, 47.

Qualité BE. 141. fz.
qualiter UAE. — qualiter — gerade so, so wie.
Quantität Simpl. 517, 797, 896, 1013 etc., Dr. ä. E. 59.
Quarnison Spring. 223. fz.
Quartal BE. 171.
*Quartier Ges. 14, 18, 344, Qvartier Coll., Dr. ä. E. 15, 28, 41, 171, AsB. 39, 370, BE. 228. fz.
*quartieren Simpl. 104, WVSS 267, -irt GW. fz.
(Ein)quartirung WVSS, 234, Coll.
quasi Dr. ä. E. 84, qvasi Coll.; vgl. quasi, fast MT.
Quera (Publica & Privata) Coll. < queri, klagen, sich beklagen, beschwerden.
Querelen GW. — querela — Querel, Querele (plur. Querelen), Klage, Beschwerde, Zank, Hader, Streit.
Querierten KL. II, 341 < queri; s. Quera.
Querulanten UAE. — nlt. querulans, gen. -lantis — Querulant, Klagender.
queruliret WVSS. 181 — nlt. querulare — querulieren, quengeln, klagen (ohne wirklichen Grund).
quid BE. 267, UAE. — quid — was; vgl. quid ad me, was geht's mich an?
quite UAE. — quis, gen. quietis — Ruhe, Friede; vgl. quieszieren, ruhen, ausruhen, besänftigen.
quinta Essentia Dr. ä. E. 89.
quit Dkw. 226.
quittiren Simpl. 405, 454, 508 etc., quittirte 640, 832 etc.
quitirt Cour. 44, BE. 46, 98, 159, 201, UAE., OPf. VI, 59. fz.
Quittirung UAE. fz.
quo BE. 267 — quo, abl. sing. v. qui (quis & quod), welcher, der, was.
quocunque KL. III, 5, 13 — quocunque — auf welche Art es sei, auf jede mögliche Weise.
quovis modo BE. 80, 226, 277, 311, 366 — quovis modo — auf welche Art es sei, auf jede mögliche Weise.
Qvaestionen (Theologicum) Büch. 24, questione UAE., Questionen Coll. (2) — question — Quästion; s. quaestiones. fz.
Qvaestores Coll.
Qviuqvanellen Coll. (4) (?) für Qninquenellen, plur. v. Quinquenelle fem., oder Quinquennal neut. < nlt. quinquenalis, e — Quinquennal, Quinquenelle, 5jährige Mahnschrift, Austandsbriefe auf 5 Jahre.

race OPf. VI, 26 — race — Rasse, Geschlecht, Familie, Stamm. fz.
ragion HW. — ragione — Ragion, Ragione, Vernunft, Ursache, Rechnung; Handelsgesellschaft, Firma. it.

Ragousts Ges. 160, OPf. VI, 492. fz.
Raison Simpl. 467, Dr. ä. E. 104, BE. 272, 289, 315, UAE. fz.
raisionabel Dr. ä. E. 73, raisionable 102, BE. 261, UAE., OPf. VI, 371. fz.
raisoniren OPf. VI, 344, 319. fz.
*Ranzion Simpl. 390, Rantzion 466 — rançon — Ranzion, Lösegeld. fz.
ranzionireu Simpl. 139, GW., SHB. — rançonner — ranzionieren, loskaufen, freimachen, seine Verhältnisse verbessern. fz.
rapio JdF. 312 — rapère — ergreifen, wegreifsen, rauben, wegeilen, fortstürzen.
Rapport BE. 133, 301. fz.
rapte Simpl. 858, raptim (Sch. 296) — raptus, a, um, part. perf. pass. v. rapere, wegreifsen, rauben, plündern.
*Raquet Simpl. 741. it.
*rar Vog. I, 430, Vog. II, 29, Dr. ä. E. 167, 221, OPf. VI, 50.
Rarität Simpl. 145, 603, raritet 976, KJ. 663, HPh. 7,54.
rasa GW.
rata BE. 239.
Ratification BE. 337, UAE., Ratification KL. III, 156 — ratification — Ratifikation, Genehmigung, Bestätigung, Vollziehung. fz.
ratificirt BE. 234, 298, 335, UAE. — nlt. ratificare — ratifizieren, gewifs machen, billigen, bestätigen, vollziehen.
ratihabieren UAE. — nlt. ratihabēre — ratifizieren = ratihabieren; s. ratificirt.
Ratione (Status) Simpl. 174 (Ratio DGK.), rationem UAE., -es KL. III, 6, BE. 227, rationibus Büch. 26, AsB. 309 — ration — Ration, Rechnung, Berechnung, Denkvermögen, Überlegung, Grundsatz, Beweggrund, Beweis; vgl. Ration, Ebenmafs Sch., rationes, Raitung, Rait, Rechnung, Schott. fz.
re (infecta) BE. 24 — res, gen. reī — Sache, Gegenstand, Ding.
reali Coll. (3) — nlt. realis, e — real, sachlich, sächlich, wirklich, wahr.
realibus UAE. — nlt. realia — Realien, Sachen, wirkliche Dinge, Sachkenntnisse, -wissenschaften.
realiter JdE. 374, UAE. — nlt. realiter, adv. zu real; s. reali.
reassumiren WVSS. 303, 320 — nlt. reassumere — reassumiren, wieder aufnehmen, veruehmen, erneuern.
Reassumirung UAE. < reassumiren; s. d.; vgl. Reassumtion, Reassumption < nlt. reassum(p)tio, gen. -onis, Wiederaufnahme, Erneuerung etc.
*Rebellen Simpl. 17, D. u. A. 74, AsB. 183, UAE. fz.

Rebellion Simpl. 50, D. u. A. 725, UAE. fz.
rebellirenden UAE. fz.
rebelliſch Cour. 135 UAE. fz.
Rebu publicis UAE. — Res publica oder respublica — Respublica, allgemeines Wohl, Staat, Republik, Regierung.
Recapitulation UAE.
Recepta Simpl. 696, Recept JdE. 15, 229.
receptionen BE. 88, UAE. — receptio, gen. -onis — Reception, Rezeption, Auf-, Annahme, Empfang.
Receſs UAE., Recessen Coll. — recessus — Abschluſs, Vergleich, Rückstand, versäumte Zahlung.
Recident Dkw. 21.
Recipirung BE. 78 < recipiren < recipere, wieder-, zurücknehmen, aufnehmen, zulassen.
Recitiren LL.
reciprocum UAE. — reciprocus, a, um — reciprok, reziprok, wechselweise, gegenseitig, wechselseitig.
réciproquer BE. 241 — réciproquer — reciprozieren, wieder zurückbringen, erwiedern, wieder vergelten. fz.
recognitio UAE., -ionem Coll. — recognitio, gen. -onis — Rekognition, Wiedererkennung, Untersuchung, Erforschung, Besichtigung, Anerkennung.
recognisciret UAE, KF. I, 493.
Recogniscirung Spring. 238.
recolligiret UAE. 298, 311 — recolligere — recolligiren, wieder sammeln, zusammenlesen, sich wieder sammeln.
Recommandation (-Schreiben) Dr. ä. E. 23, 26, 205; JdE. 471, Dkw. 188, 660. fz.
recommandire ThB., FK., LL., Dkw. 25, 135, 138, WVSS. 241, OPf. VI, 41 — recommander — rekommandieren, empfehlen, rekommandiert = eingeschrieben (bei der Post). fz.
recommendirt Simpl. 138, 315, D. u. A. 134, Dr. ä. E. 51, 115, 205, JdE. 360, HW., Stud. 507. fz.
recommodiren SHB. (?) für recommandiren, rekommandieren etc. fz.?
Recompens Simpl. 800, JdE. 544, UAE., KL. II, 112. OPf. VI, 377 — ult. recompensa — Recompens, Ersatz, Entschädigung, Vergütung, Lohn; vgl. Recompense < fz. récompense.
recompensiren HW., Kl. IV, 38 — récompenser — recompensiren, wieder ersetzen, ausgleichen, entschädigen, belohnen. fz.
Recompensirung UAE. < recompensiren; s. d. fz.
Recreation HPh. 7. fz.

reconoissant OPf. VI, 4 — reconnaissant, e, — erkenntlich, dankbar. fz.
recreirte Vog. I, 382, KL. III, 142 — récréer — rekreieren, wieder schaffen, erfrischen, erquicken, laben, ergötzen, belustigen. fz.
recta Simpl. 425, rectam (arduam) KL. II, 18, recti III, 27 — rectus, a, um, part. perf. pass. v. regere — gerade, gestreckt.
rectification Coll. — rectificatiou — Rektifikation, Berichtigung, Zurechtweisung, Läuterung, (in der Math.) Bogenberechnung. fz.
Rector Dr. ä. E. 85, 86, 87, -es 87 etc.
reculirte Ges. 72 — reculer — recüliren, zurückfahren, -laufen, -stofsen, -prallen, -weichen. fz.
recuperation KL. IV, 98 — recuperatio, gen. -onis — Recuperation, Wiedererlangung, -erwerbung, -gewinnung, -eroberung.
recuperiret UAE., KL. III, 70 — récupérer — recuperiren, wieder erlangen, -bekommen, -gewinnen, -erobern. fz.
reddendam BE. 227 — reddere, zurückgeben, einhändigen, bezahlen.
redigirt Coll. — rédiger — redigieren, zusammenbringen, sammeln, druckfertig machen, abfassen. fz.
redimirn Coll. — rédimer — redimiren, wiedernehmen, -kaufen, erkaufen, befreien. fz.
redoupliren Cour. 41 — redoubler — reduplicieren, reduplizieren, verdoppeln, verstärken, vermehren. fz.
redoutabel UAE. — redoutable — redoutabel, furchtbar. fz.
redoutire BE. 131 — redouter — redoutiren, scheuen, fürchten. fz.
redressiren BE. 49, 80, 314 — redresser — redressieren, wieder gut machen, ins Reine bringen, wieder herstellen. fz.
redressirung WVSS. 209 < redressiren; s. d. fz.
reduciret UAE. Coll.
Reducirung UAE.
Reductions(werf) UAE.; vgl. Reductio, Umsetzung MT.
Refectorium JdE. 558, -ij 613, -io 653.
Referentz P. u. L. 29.
referirt Simpl. 759, P. u. L. 80, Buch. 49, Dr. ä. E. 78, 98, 107, 151, 188 etc. BE. 262. UAE., Stud. 456, KF. I, 493.
refier Vog. II, 164 (= Revier). fz.
reflektirt BE. 17, 50, 60, 81, 129, 373 (+ 3), UAE.
Reflexion ThB., reflectionen OPf. VI, 347. fz.
reflexive Ges. 43.
Reformation Coll. (2).

Reformator Ges. 22.
reformirte OPf. VI, 312.
refreschiert HW. fz.
Refugiam Spring. 236 (?) für Refugium — refugium — Refugium, Zuflucht, Hilfsmittel.
refugirte OPf. VI, 339 < (se) réfugier, flüchten — Flüchtlinge. fz.
refundieren GW. — refundere — refundieren, zurückgiefsen, wiedererstatten, -vergüten.
Refusion GW. — réfusion — Refusion, Zurückzahlung, Wiedererstattung, Vergütung. fz.
Refutation (in conventu) Büch. 25, ThB. — réfutation — Refutation, Widerlegung. fz.
refutiren Büch. 24, KL. IV, 14 — réfuter — refutiren, giefsen, fliefsend reden, beweisen. fz.
Regal Coll.
regaliren JdE. 674. fz.
regenerire Simpl. 746. fz.
Regenten KJ. 724, 752. fz.
regerirte BE. 17, 67, 69 — regerere — regeriren, erwidern, einwenden, antworten.
Regiment Simpl. 34, 110, 295, 296, 321, 323, 383, 476 etc. P. u. L. 40, 145, Dr. ä. E. 11, AsB. 33, BE. 16, 24, 168, 179, 180, 205 (+ 16). fz.
regiement OPf. VI, 272.
Regis BE. 216, 229, 361 — rex, gen. regis — Rex, Leiter, Lenker, König.
Registern Simpl. 617, Dr. ä. E. 19, BE. 205, 339, 347.
Registratur Dr. ä. E. 79, WVSS. 165, 167, 221.
registriert JdE. 417, 419, 581, 596 etc., WVSS. 231.
Regnum KL. III, 68 — regnum — Regnum, königliche Regierung, Königtum, -reich, Reich.
regretirt OPf. VI, 31 — regretter — bedauern, beklagen. fz.
*Regul Ges. 19, Regula juris Büch. 10, Regulas parsimoniae Dr. ä. E. 33, — Grammaticas 83; vgl. Regulae, Lehrsatz Schott.
regularis Coll. — regularis, e — regulär, regelmäfsig, richtig, ordentlich; vgl. regularitatem Schott.
reguliren Simpl. 586, 729, 849, 976, 982, BE. 96, GW.
reiterirte UAE. — réitérer — reiteriren, wiederholen, erneuern. fz.
rekommandiren BE. 55, 263. fz.
Rekruten BE. 24, 59. fz.
Rekrutirung BE. 188. fz.
relachiren UAE. — relâcher — relachiren, schlaff machen, abspannen, loslassen, schlaff werden, nachlassen, ermatten. fz.

Relation Dr. ä. E. 113, 117, UAE., BE. 20, 58, 69, 70, 78, 86 (+ 16), OPf. VI, 107 — relation — Relation, Zurücktragen, Bericht, Nachricht, Berichterstattung, Verhältnis, Verbindung, Verkehr. fz.
relationire Kl. III, 104 < relationiren < Relation; s. d. fz.
relative SpH. fz.
Relaxation UAE. — relaxation — Relaxation, Erweiterung, Erleichterung, Milderung. fz.
relegirt Dr. ä. E. 67, ThB.
releviret BE. 312 — relever — releviren, erheben, erleichtern, vermindern, befreien, auszeichnen, emporbringen. fz.
Religionis BE. 37, 57, 64.
Religios JdE. 466, 595, 627.
reliquis UAE. — reliquus, a, um — übrig geblieben, übrig.
rem UAE., Kl. III, 6; s. re.
remedia HW., Remedium BE. 45, 47, Dr. ä. E. 129, KF. I, 493, 498 — re, zurück, gegen, wieder & Ableitung von mederi, heilen, helfen. — Remedium, plur. Remedia, -dien, Heil-, Rechtsmittel, gestatteter Mindergehalt (einer Münze an Gold & Silber).
remediret Coll., WVSS. 118, 208, 212, 253, remidiren Kl. III, 158, IV, 57 — remédier — remediiren, -ieren, heilen, abhelfen, steuern. fz.
Remedirung UAE. < remediren; s. remediret. fz.
remercie BE. 164 — remercier — danken. fz.
Remisen BE. 185. fz.
remittirt UAE., Kl. II, 22, remitiere Kl. IV, 20 — remittere — remittieren, übersenden, (Bücher) zurückschicken, wieder zustellen.
Remonstrationen BE. 245, UAE. — remonstratio, gen. -onis — Remonstration, Remonstranz (< ult. remonstrantia), Gegenvorstellung, Einwendung, Widerlegung, Mahnung; vgl. remonstrancen OPf. VI, 341.
remonstrirt Büch. 26, Dr. ä. E. 82, JdE. 245, BE. 52, 56, 59, 96, 263, 318 (+ 1), UAE. — remonstrare — remonstrieren, Gegenvorstellungen machen, einwenden.
remonstrirung HW. < remonstriren; s. remonstrirt.
Remotion BE. 19, 264 — remotio, gen. -onis — Remotion, Wegschaffung, Entfernung, Entlassung, Absetzung.
Rencontre Simpl. 306, -a 971, Vog. I, 427. fz.
rencontrirte Dr. ä. E. 20 — rencontrer — rencontriren, zusammentreffen, begegnen, zurückweisen. fz.
Rendez-vous Dr. ä. E. 161, rendevous OPf. VI, 22. fz.
renomirten WVSS. 138. fz.
Renovation ULE. fz.

Renovator Ges. 22.
renoviren JdE. 122, Coll. (2).
renumeration Coll.
Renunciation KL. IV, 40 — renuntiatio, gen. -onis — Renunciation, Bekanntmachung, Bericht, Entsagung, Verzichtleistung.
renuncirt Coll., UAE., renunciiren GW. — renuntiare — renunciiren, zurückberichten, amtlich anzeigen, bekannt machen, aufkündigen, verzichten.
repariren Simpl. 58, UAE. fz.
Reparirung BE. 55. fz.
repartirt BE. 253 — répartir — repartieren, verteilen. fz.
Repartition UAE., Coll. fz.
Repas WVSS. 299 — repas — Repas, Mahlzeit, Mahl, Gastmahl. fz.
repetirſich OPf. VI, 55.
repetirte Vog. I, 339, WVSS. 169, 220.
repetitus SpH.
Replicam WVSS. 169, 266 — mlt. replica — Replik, Erwiderung, Entgegnung, treffende oder witzige Antwort, Wiederholung.
replicirte Simpl. 786, UAE., BE. 83, KL. II, 36 — répliquer — replicieren, replizieren, antworten, entgegnen, einwenden, versetzen. fz.
Replicquen Dkw. 69; vgl. Replica, Wiederholung MT.; s. Replicam. fz.
reponiret WVSS. 245 — reponēre — reponieren, zurücklegen, beiseite legen, aufheben, bewahren, (Aktenstücke) einordnen.
repoussiren WVSS. 306 — repousser — repoussiren, zurückstofsen, -treiben, -drängen-, abweisen. fz.
repraesentation Coll.
repräsentatitium GM. 268 (?) < repraeseutatio, gen. -onis, Repräsentation, Vertretung.
Repressalien BE. 60 — représaille, plur. -sailles — Repressalie, plur. -lien, Gegengewalt, Widervergeltung, Rache oder Erwiderung, Genugtuung. fz.
reprimiern KL. IV, 65 — réprimer — reprimieren, zurückhalten, einschränken, unterdrücken, dämpfen. fz.
reprobum UAE.
Republique P. u. L. 278, 278. fz.
repugniern KL. IV. 23 répugner — repugnieren, dagegen fechten, widerstreiten, sich widersetzen. fz.
Reputation Simpl. 239, 425, 850, 871, BE. 332, UAE., OPf. VI, 378. fz.

reputirlicher Simpl. 105, 435, 635, 759, 915.
requiriren Coll. — requirěre — requirieren, nachfragen, erforschen, erbitten, zurückfordern, auftreiben.
Requisiten UAE., -a OZ., Reqivsiten Coll. (3), requisitis KL. III, 21; vgl. Requisitum Schott.
Requisition BE. 48 — réquisition — Requisition, Forderung, Begehren, Ausschreibung von Lieferungen, Anspruch. fz.
res (nova) KL. III, 24; vgl. res ipsae Schott; s. re.
rescribirt HW. — rescribere — reskribieren, zurückschreiben, schriftliche Antwort erteilen.
Rescriptum UAE., Reskript BE. 286, 310, KL. III, 138, KF. I, 488.
reservirte Simpl. 469, UAE., BE. 87, 314.
Resident BE. 34, 109, 113, 132, 136 (+ 1), UAE. fz.
Residenz Simpl. 45, Dr. ä. E. 114, BE. 203, UAE., KJ. 666. fz.
residio Dr. ä. E. 181 für residuo — residuus, a, um — Residuum, Rest, Überrest, Rückstand, Bodensatz.
residiren Dr. ä. E. 28, 90, BE. 162, UAE. fz.
Resignation UAE. fz.
resignirt Simpl. 827, UAE., KL. III, 4. fz.
resistenz, ThB., SHB., WVSS. 219, resistentias KL. III, 24. fz.
resolut Cour. 16, Ges. 327, Dr. ä. E. 116.
resoluter Simpl. 439, 607.
Resolution Simpl. 163, 773, Dr. ä. E. 20, 79, 222, UAE., BE. 15, 49, 79, 82, 84, 132, Stud. 508, KL. II, 13, OPf. VI, 344; vgl. Resolution, Auflösung MT. fz.
resolvirn Simpl. 136, 455, 461, 467, 472, 489, 662 etc. BE. 312, 356, UAE., Dr. ä. E. 21, 86, 129, 177, JdE. 12, 287, P. u. L. 214, OPf. VI, 348, 272.
Respect Simpl. 108, Ges. 85, Dr. ä. E. 90, 163, 225, Respekt BE. 55, 63, 291, 346, KJ. 687, KL. II, 14, III, 27. fz.
respectiret Simpl. 108, 619, Büch. 24, 53, Dr. ä. E. 21, 24, 115, 151, 209, GW., respektiret BE. 237, P. u. L. 159, Z. RB. 21. fz.
respective GW. fz.
respectu UAE.
respectueux OPf. VI, 351 — respectueux, se — respektvoll, ehrerbietig. fz.
respiciren BE. 69 — respicere — respiciren, zurückblicken, berücksichtigen, an etwas denken, auf etwas achten.
respiriret HW. fz.
Responsa Büch. 34, R. theologica 35, 36, Stud. 508 — responsus, a, um, part. perf. von respondere — Responsum, (plur. -sa) Antwort, Bescheid.
Restabilirung UAE.

Restanten KL. II, 342 — restant — Zurückbleibender,
-ständiger, Schuldner. fz.
restauriret WVSS. 239, 245. fz.
restaurirung WVSS. 277. fz.
restes BE. 314, **Restis** JdE. 317 — reste — Rest, Rückständiges, Überbleibsel, (in der Arithm.) die bei der Subtraktion gesuchte Zahl. fz.
restieren UAE. — rester — restieren, zurück-, übrigbleiben, schuldig bleiben, -sein. fz.
Restituendorum BE. 289, 293 — restituere — restituieren, wiedererstatten, -herstellen; vgl. ad restituendum, zur Wiedererstattung, Vergeltung, Vergütung.
restituiren Simpl. 141, BE. 268, 284, 289, 293, 297, 301, UAE., ZRB. 23, D. u. A. 218, KJ. 809.
Restitution UAE., BE. 17. fz.
Restrictiones Coll. — restriction — Restriktion, Einschränkung, Ausnahme, Vorbehalt. fz.
Resultate BE. 37, 130, 152, 191. fz.
Retablirung BE. 17, 53. fz.
Retablissement BE. 50 — rétablissement — Retablissement, Wiederherstellung, -einsetzung. fz.
retardiret UAE. — retarder — retardieren, zurückhalten, verzögern, hindern, zu langsam gehen (von Uhren). fz.
retensionis Coll. — retention — Retention, Zurückhaltung, Vorbedacht. fz.
retenue OPf. VI, 54 — retenue — Abzug; Bescheidenheit, Zurückhaltung. fz.
Retirada UAE., retirata Coll.
retiré FK. — retiré — retiré, zurückgezogen, abgesondert, einsam, still für sich lebend. fz.
retirirt Simpl. 56, 361, 426, 441, 644, 718, 986, JdE. 54, AsB. 78, GW., HW., Dkw. 49, retterirte Cour. 134. fz.
Retorsion Dr. ä. E., 141, 141, retorsionibus 19, retorsionis UAE. — rétorsion — Retorsion, Zurückschiebung, Erwiderung, Vergeltung. fz.
retorquiren Dr. ä. E. 142, 206 — rétorquer — retorquiren, zurück drehen, umwenden; jemand mit seinen eigenen Worten, Gründen etc. zurückschlagen, widerlegen. fz.
retour Dkw. 129. fz.
retractiren UAE. — rétracter — retractiren, wieder vornehmen, zurückziehen, widerrufen. fz.
Retraite UAE. fz.
retranchiret WVSS. 179, OPf. VI, 61 — retrancher — retranchiren, wegschneiden, absondern, vermindern, einschränken, verschanzen. fz.

retrenchementen WVSS. 184 — retranchement — Retranchement, Verminderung, Einschränkung; Verschlag. fz.
reuocire KL. III, 72, KL. III, 72.
reüssiren LL. fz.
revangiren Simpl. 380, BE. 51, 318, 366, KJ. 790, revanchiren UAE. fz.
revengiren Dr. ä. E. 101, 209. fz.
revera Simpl. 357 — abl. sing. v. res vera — Revera, nach der wahren Sache, in Wahrheit, in der Tat, tatsächlich.
reverberirte Simpl. 546 (reverbirte DG.) — réverbérer — reverberiren, zurückschlagen, -werfen, -prallen, -strahlen. fz.
*Reverenz Simpl. 357, Ges. 136, Dr. ä. E. 112, 201, reverentz KJ. 715, AsB. 53, BE. 173, Dkw. 176, reverence 83, Stud. 508. lt./fz.
Reverendissimo KL. IV, 20.
reveriert GW. fz.
Revers UAE., Coll., reuersi HPh. 5. fz.
Reversalen UAE — mlt. reversales (literae) — Reversales, Reversalien (< reversalia [scripta]), Versicherungsschreiben, -scheine, Gegenverschreibung.
reversiret UAE., reversieren KL. 79 — reverser — reversieren, sich schriftlich verpflichten, einen Gegenschein ausstellen. fz.
Revier GW. fz.
revidiren Ges. 15.
Revisite UAE. (?) für Revisitation < mlt. revisitatio, gen. -onis, oder für Revision < fz. revision — Revisitation, Revisite, Untersuchung, Prüfung, abermalige Durchsicht, (bei den Buchdruckern) Revision = 2. Korrektur. lt./fz.
revocirt Dr. ä. E. 198.
Revolten BE. 49, 168. fz.
Revolution BE. 72. fz.
Rhetoricam FK. (= Redekunst Schott.). gr.
ridiculle OPf. VI, 107 — ridicule — lächerlich. fz.
rigorosos Coll., rigorose P. u. L. 198.
risico HW.
risoluirt HW. it.
ritu ThB.
robe OPf. VI, 107 — robe — Robe, Kleid, Amtskleid, Toga; geistlicher Stand. fz.
Romanae (Ecclesiae) KL. IV, 20.
rotieren GW.
rotulus HW. — mlt. rotulus < rotulare — Rolle, Stofs Akten, Bündel schriftlicher Gerichtsverhandlungen.
Rubricae JdE. 449.

rubriciret Büch. 2.
rudera Simpl. 740, ruderibus HPh. 35 — plur. v. rudus, gen.
  ruderis — Rudera, eingestürztes Gemäuer, Trümmer.
Ruin UAE., Ruins Simpl. 786. fz.
ruinirt Simpl. 278, 708, 871, 958, 985, UAE., Stud. 463. fz.
Rumor(meister) Simpl. 286, 321, 325, 361.
rumorten GW., Dkw. 166, KJ. 681.
rumpiern SHB., BE. 94, abrumpirt Büch. 25 (< abrumpere
  — abrumpieren, abbrechen). — rumpere — rumpieren,
  zerreifsen, zerbrechen, trennen, (in der Fechtkunst) entwaffnen; vgl. rompre, brechen Schott.
Ruptur UAE.

sacra (et profana historia) Dr. ä. E. 83, sacra Stud. 507, sacris
  UAE. — sacer, cra, crum — geheiligt, heilig, einem Gotte
  geweiht; vgl. Sacra (plur. v. sacrum), heilige Sachen,
  -Dinge, -Handlungen.
Sacrament ThB.
sacrificiren SHB. — sacrificare — sakrifizieren, sakrificieren,
  opfern.
Salarirung FK.
Salarium FK.
salat OPf. VI, 416. fz.
salon OPf. VI, 160. fz.
salus BE. 68 — salus, gen. -lutis — Gesundheit, Wohlbefinden,
  Glück, Heil, Grufs.
Saluum (conductum) WVSS. 119, JdE. 199, 292, Salvaconducts
  UAE. — salvus, a, um — unverletzt, unbeschädigt, gerettet, sicher, wohlbehalten.
Salvaguardi Simpl. 312; WVSS. 119, 319, 331 — salvaguardia
  — Salvegarde, Sauvegarde, Schutz-, Sicherheits-, Schirmwache. it.
Salvaquartiren Vog. I, 366 (?) — salvaguardia; s. Salvaguardi; vgl. fz. sauvegarder, Schutzwehr stellen. it.
Salvation SHB. — nlt. salvatio, gen. -onis — Salvation,
  Rettung, Verwahrung, Verteidigung.
Salve Simpl. 327, Salvo 363, Salvi JdE. 209, 558, Salve D. u.
  A. 65; vgl. Salve, sei gegrüfst MT. (= Losung, Betulius).
salviren UAE., OPf. VI, 341.
Sambieu (Sch. 13). fz.
Sanction Coll. (2).
Sanctus P. u. L. 76.
sans (façon) BE. 170, UAE. — sans — sans, ohne. fz.
Saphire Dkw. 32, 166.
Sapienten Z. RB. 22.

sapientz OPf. VI, 348 — sapience — Weisheit. fz.
Sarabande Dr. ä. E. 103; vgl. Sarabanda, spanischer Tanz MT. sp.
satis KL. IV, 73 — satis — genug.
satisfaciren WVSS. 304, Coll. — satisfacěre — satisfazieren, Genüge tun, befriedigen, zufrieden stellen.
Satisfaction Simpl. 936, Dr. ä. E. 20, 22, 185, 199, 200, UAE., Satisfaktion BE. 13, 25, 68, 73, 77, 86 (+ 26) fz.
Satyra JdE. 352, Satyrus KJ. 639.
satyrisirt Büch. 48.
scandalisiren TR.
Scappata GW. < scappare, entwischen, ausreifsen; vgl. Scapin, Bedientenrolle (auf dem it. Theater). it.
scartirt KL. III, 88 — scartare — scartiren, absondern, zurücklegen, wegwerfen; aussondern (Unbrauchbares einer Ware). it.
*Scepter KJ. 717, 717, AsB. 25, 172, 253, ThB.
Schaluppe BE. 73. fz./e.
Schanzen WVSS. 210. fz.
scharmuzire WVSS. 210. fz.
Schicardi FK.; vgl. frz. chic < deutsch: der Schick. ?
Scholaren JdE. 116 — nlt. scholaris, e —. Scholar (plur. -laren), Schüler.
Scholastiker LL.
Scholis (publicis) Dr. ä. E. 88 — schola — Schule.
Scienz JdE. 246, Scientz WVSS. 142 — science — Scienz, Wissenschaft, Kenntnis. fz.
scilicet Ges. 99, Coll. (3) — scilicet abgek. sc. < scire licet — es ist erlaubt zu wissen, man darf wissen, gewifs, nämlich.
scopum Dr. ä. E. 82, BE. 181, 261 — scopos (-us) — Kennzeichen, Ziel, Spur, Augenmerk.
scopae HW., KL. III, 21 — scopae, -arum plur. — dünne Zweige, Schöfslinge, Besen.
Scribent JdE. 242, Coll. < scribens, gen. -bentis — Skribent, Schreiber, Ab-, Lohn-, Zeitungsschreiber.
Scriptum Dr. ä. E. 121, scriptum Coll., -o KL. III, 10, 141 — scriptum, plur. -a — Scriptum, Skriptum, Geschriebenes, Schrift; vgl. scriptum, Schrift Schott.
Scripturist JdE. 83 — nl. scripturista — Skripturist, Schriftforscher, -gelehrter.
Scrupel Dr. ä. E. 83, scrupul ThB.
scrupuliren ThB.
scrupulos JdE. 117, 360, 439, 464.
secession WVSS. 397.
Second Ges. 33. fz.

secondiret UAE. lt./fz.
Secours UAE. — secours — Secours, Hilfe, Verstärkung,
Succurs, Sukkurs. fz.
Secret KL. II, 32 — Secret — Sekret, Entlegenes, Geheimes,
Geheimnis, Heimlichkeit. fz.
Secretario Simpl. 155, 156, 157, 159 etc. Büch. 12, Dr. ä. E. 24,
25, JdE. 215, 425, 549 etc. UAE., Sekretair BE. 2, 17,
25, 35, 45, 49 (+ 89), P. u. L. 120, KF. I, 488, OPf.
VI, 75. lt./fz.
secretum BE. 137, UAE., KL. IV, 11 — secretus, a, um —
sekret, abgesondert, entlegen, einsam, geheim.
Sectarios Coll.
Seculi Vog. II, 89, Secula Dr. ä. E. 68, 68, -is 84; vgl. per
secula Schott.
secundariis BE. 76, 77, 87.
Secundierung GW.
secundirt Dr. ä. E. 123, 142, BE. 83, 139, 169, GW., HW., FK.
Secundus BE. 87, UAE.
securitate BE. 100, 116, UAE. — securitas, gen. -tatis —
Sekurität, Furchtlosigkeit, Sicher-, Gewifsheit.
sedem HW., Sedisvakantz UAE. — sedes — Sitz (Bank, Stuhl,
Thron), Wohnung, Aufenthalt.
Sekretariat BE. 184, 298, 299. fz.
Sektisten BE. 60.
selenititorum Vog. II, 7 — selenititorum — Mondbewohner;
vgl. „der ... grofse König Selenititorum" a. d. betr. Stelle.
Senatoren UAE.
Seniorat ThB.
Senioris Th.B.
sensiblen BE. 295, OPf. VI, 491. fz.
sensum UAE. — sensus — Gefühl, Empfindung, Verstand,
Vermutung, Begriff, Bedeutung.
Sententz Simpl. 308, 488, Sententia Coll., Sentenz UAE., Sen-
tentias KL. II, 336.
sententiert KL. II, 51 < Sententia, Meinung, Sinn, Ge-
sinnung, Gedanke, Satz, Spruch, richterlicher Bescheid.
Sentiments BE. 51, Sentimenten UAE. fz.
Separat — BE. 16, 261, 332.
separaten BE. 81, separatim KL. IV, 10.
separation WVSS. 175, 198, 234, KL. II, 67. fz.
separirte Cour. 13, UAE. fz.
seqq. Coll. (11), Z. RB. 140 — sequentes — und das folgende;
vgl. sq. = sequens.
Sequester BE. 289 — séquestre — Sequester, Vermittler, Ver-
walter eines mit Beschlag belegten Gutes; Verwahrung, Haft. fz.

Sequestration BE. 16, KL. III, 107 — séquestration — Sequestration, Beschlaglegung, einstweilige Verwaltung streitiger Güter. fz.
sequestrirt BE. 16 — séquestrer — sequestrieren, in Beschlag nehmen & einem Dritten zur Verwaltung übergeben. fz.
seqvuntur Coll. — sequi — folgen, vor- oder nachgehen, erwarten, verfolgen; sich zutragen; folgern.
Serenissima GW., HW. it.
Sergeant (= Feldwebel) ZSp.) fz.
Sermon Dkw. 178, 209. fz.
servirt Simpl. 238. fz.
Serviteurs Cour. 33, Spring. 140, Dr. ä, E. 99, Ges. 84, Serveteuren P. u. L. 199; vgl. servitor (Sch.). fz.
Servitia GW., HPh. 353, (à vostre) service Sch. — lt. servitium, fz. scrvice — Service, Dienst, Bedienung, Tischgerät, Tafelgeschirr. lt./fz.
Servitut Cour. 77, KL. III, 6, IV, 79 — servitudo, gen. -inis — Servitut, auf einem Besitz ruhende Verbindlichkeit, Last.
Session BE. 40, UAE., KL. II, 110.
severer OPf. VI, 41 — sévère — streng, scharf. fz.
sexte TR.
(sub) sigillo KL. II, 56 — sigillum — Sigill, kleines Zeichen, kleine Figur, Siegel.
Signa HPh. 193.
Signatur P. u. L. 12.
significationum GM. 266 — significatio, gen. -onis — Signifikation, Bedeutung, Bekanntmachung.
signiren Vog. II, 28. fz.
Signor Spring. 275. it.
Silentiarium Büch. 27, Silentium 27, JdE. 247, 468, BE. 355 — silentium — Silentium, Stille, Ruhe.
Silogismus JdE. 246.
simbola HPh. 4.
similibus GW., simili Coll. — similis, e — ähnlich, gleich.
simplices LL. — simplex, gen. -icis — einfach, einfältig, natürlich, ungekünstelt, schmucklos, schlicht, dumm.
Simplicität Simpl. 1024, Simplicitas Ges. 24.
simpliciter Simpl. 490, 746, Büch. 40, UAE., BE. 205, KL. III, 13, IV, 91 — simpliciter — simpliciter, schlechthin, unbedingt.
simplum Coll.
simulirn Simpl. 381, UAE., Dkw. 38, P. u. L. 194. fz.
simuliter KL. III, 36 — adv. v. simulis, e — simulär, ähnlich.
simultanee UAE.

simultet WVSS. 140 — simultas, gen. -tatis — Simultät, Groll, Feindschaft.
Sincerationes WVSS. 153 — nlt. sinceratio, gen. -onis — Sinceration, scheinbare Aufrichtigkeit, Scheinehrlichkeit.
sincere UAE. — sincère — aufrichtig, wahr, lauter, rein. fz.
sinceritatem KL. IV, 32 — sinceritas, gen. -tatis — Sincerität, Echtheit, Reinheit, Lauterkeit, Rechtschaffenheit, Aufrichtigkeit.
sine UAE., BE. 157, 158 — sine — ohne.
singula UAE. — singulus, a, um — single ($<$ e. single), einzeln, einfach.
singulier UAE. — singulier, ière — singulär ($<$ lt.singularis, e), einzeln, einzig, besonders, seltsam, wunderlich, eigen. fz.
Situation UAE. fz.
situirte UAE. fz.
soccordiae HPh. 310 — socordia — Socordia, Unachtsamkeit, Unverstand.
Societet JdE. 244, 245, 246 etc. — societas, gen. -tatis — Societät, Gesellschaft, Verbindung, Genossenschaft.
Solares Simpl. 237 — solaris, e — solar, solarisch, auf die Sonne bezüglich.
*Soldatesca Simpl. 95, 108, 599, 672, WVSS. 112, 142, 171, 210. SHB. it.
Soldo UAE.
solennen ThB. — solennis, e — solenn, alljährlich, feierlich, festlich.
solennitäten Dr. ä. E. 182, JdE. 321, 322, 406, 504, solennitäten Büch. 55, UAE., Solennität P. u. L. 673 — solennité — Solennität, Feierlichkeit, Gepränge, Festlichkeit. fz.
solenniter Simpl. 518, JdE. 374, UAE., P. u. L. 722, solenniter KL. II, 55, IV, 20 — solenniter — solenn, feierlich etc.
Solicitanten Ges. 16 — sollicitant, ante — Sollicitant, Rechtssucher, Mahner, Bittender.
solicitiren Dr. ä. E. 79, 90.
sollicitirt Simpl. 403, BE. 49, UAE.
Solidaria FK. — solidarius, a, um — solidär, solidarisch, ins Ganze (gehend), samt & sonders.
solidioris (doctrinae) Ges. 69 — compar. v. solidus, a, um — solid, fest, kernhaft, zuverlässig.
Sollicität KL. III, 47 (?) $<$ sollicitus, a, um — Sollizitation ($<$ sollicitatio, gen. -onis) Bitte, Gesuch; Betreibung eines Rechtsgesuchs.
Sollicitation BE. 80, UAE. — sollicitation; s. Sollicität.
sollicitatores KL. IV, 109 $<$ sollicitare — Sollizitator, Anhalter, Anwalt, Prokurator, Sachwalter.

Sollicitirung BE. 69 < sollicitare, sollizitieren, bitten, besonders um Rechtshilfe.
Solstitio HPh. 3, 24.
Solution Coll. — solution — Solution, Auflösung, Erklärung, Bezahlung. fz.
solutum Coll. (3) — solutum, 1. supin. v. solvere, solviren, auflösen, bezahlen, enthüllen.
solvendo Coll. < solvere; s. solutum.
sondiren BE. 253, UAE. fz.
Sorten (in Gold-Sorten) Simpl. 730, 851, 1011, 1013, Dkw. 38.
sortir BE. 138 — sortire — sortieren, nach Arten ordnen; sondern, sichten, auslesen. it.
soubconeusen OPf. VI, 40 für soupçoneusen — soupçonneux, se — argwöhnisch, mifstrauisch. fz.
Souverain BE. 231. fz.
spargiret BE. 20, 95, UAE., KL. III, 7, IV, 35 — spargĕre — spargiren, streuen, sprengen, säen, verbreiten, ins Gerede bringen, ausposaunen.
(per) spaseo KL. IV, 32 — spasso — Spafs, Lust, Zeitvertreib. it.
Specialbefehl UAE.
specialiter Vog. I, 313 — specialiter, adv. zu specialis, e — speziell, besonders, namentlich.
specie Dr. ä. E. 200, UAE., KL. II, 38, 111, 16.
Specification Simpl. 816, UAE., Specificatio Coll.
specificè KJ. 750 — specificc — namentlich, stückweise, einzeln.
specificirte Vog. II, 23, UAE., KL. IV, 104.
Specifico Dr. ä. E. 119 — specificum, plur. -ca — Spezifikum, Eigenmittel (für eine besondere Krankheit).
Specimina Dr. ä. E. 155.
*Spectacul Simpl. 117, 296, 500, 677, 758, 1040, KJ. 742, Spectackel Cour. 132, Spektacul JdE. 340, Spektakel BE. 69; OPf. VI, 49.
Spectatores Simpl. 542, 543, Spectatoribus RPl. 324 — spectator, gen. -oris — Spectator, Zuschauer, Beobachter.
Spectra Sprug. 217.
specula Z. RB. 47 — speculum — Spekulum, Spiegel.
Speculation LL., Spekulation BE. 99. fz.
*speculirte Simpl. 353, speculiert Dr. ä. E. 21.
spediret WVSS. 287. e.
spendirte Simpl. 278, 352, 365, 378, 461, 635, 863 etc. Dr. ä. E. 32, 42, 62, 93, 100, 111, 131 etc. JdE. 84, UAE. it.
sperantz HW. — speranza — Speranza, Hoffnung. it.
Spesen P. u. L. 79, UAE. it.
spesiert GW. it.

*spindisiren Simpl. 1010, spintisirte Spring. 214.
Spionen Dkw. 225, Simpl. 321. it.
(in) Spiritualibus KL. III, 4.
Spiritum Büch. 13, Sp. familiarem Simpl. 705 — spiritus, sp. familiaris — Geist; vertrauter, dienender, schützender Geist; vgl. Stirpitus flammiliarum Cour. 94, Z. RB. 168. (?)
spiritualijdje Simpl. 954.
Spittal WVSS. 308.
Splendeur BE. 248, 248 — splendeur — Splendeur, Pracht, Glanz, Herrlichkeit. fz.
spolirt Coll., Dkw. 32, Simpl. 599 — spolier — spoliiren, jemand ausziehen, entkleiden, um ihn zu berauben; plündern. fz.
Sponsalia Vog. II, 72 — sponsalia — Sponsalia, -lien, Verlobung, Eheverlöbnis.
Squadron Simpl. 637. fz.
stabilirt Dr. ä. E. 67, BE. 344, UAE., stabuliert KL. III, 25 — stabilire — stabiliren, fest machen.
Stadia Simpl. 744, -ien Vog. II, 130.
Staffel P. u. L. 194. it.
Staffeta JdE. 19. it.
staffirte Dkw. 222. ndd.
Stantarten WVSS. 202, Standarten GW., HW. it.
Statua Simpl. 874, JdE. 204.
statuiren Simpl. 428, Dr. ä. E. 163, Coll. (5).
Status Vog. II, 180, D. u. A. 68, UAE., KL. III, 6.
statuten Büch. 55, statutum Coll. (3).
Stipendien Coll.
stipuliret BE. 302, UAE.
Stratagemata KL. III, 37 — stratagema, gen. -gematis — Stratagem, (schlaue) Feldherrntat, Kriegslist.
Studenten Simpl. 453, 517, 519, FK., Dr. ä. E. 86, Stud. 459.
Studiis Simpl. 453, 564, Coll. (2), Studium Juris Dr. ä. E. 48, -iis 85, -ia 184, Z. RB. 22.
studiren Büch. 47, Dr. ä. E. 35, 36, 48, 50, 85, 89, 104 etc. Coll.
Stylus Simpl. 826, 1011, Büch. 22, UAE., Stud. 452. (= Schreibart Schott.)
suaviter KL. III, 120 — adv. v. suavis, e — süfs, lieblich, sub GW., HW., sub una, utraque OZ. — sub — unter, bei, gegen, um.
subdelegirte WVSS. 112 < subdelegiren — nlt. subdelegare — subdelegiren, Untervollmacht geben, an eines andern Stelle bevollmächtigen & absenden.
subditorum Stud. 507 — subditus, a, um, part. perf. v. sub-

dēre — untersetzen, -legen, -stellen, -werfen; versehen, anwenden; ersetzen, betrügen.
subiects WVSS. 141 — subject — Subjekt, Untergestellter, Unterlan, Grundwesen, -wort, -begriff. (= Mittelperson Botulius). e.
Subjectum Dr. ä. E. 24
subiugiren WVSS. 206 — subjngare — subjicieren, subjizieren (< subjicĕre), unterwerfen, -ordnen.
subleviren UAE., sublevirt BE. 258 — sublevare — subleviren, erleichtern, unterstützen, beistehen, Hülfe leisten.
sublimiren Simpl. 546 — sublimer — sublimieren, erhöhen, läutern; flüchtige Körper von nicht flüchtigen trennen & sich verdichten lassen; „überdampfen". fz.
subministrieren KL. III, 24 — subministrare — subministrieren, darreichen, geben, verschaffen, zustecken, Hülfe leisten, behülflich sein.
subornirt HW., KL. III, 125 — suborner — suborniren, ausrüsten, heimlich zum Bösen abrichten, zu gesetzwidrigen Handlungen anstellen. fz.
Subscription Cour. 47, HPh. 276.
Subsidien BE. 100, 132, 181, 198, 202, 219 (+ 2).
subsonnirt BE. 370 (?) — soupçonner — argwöhnen, Verdacht haben; mutmafsen, vermuten, ahnen; vgl. soubconirt OPf. VI, 375. fz.
substantial KL. III, 28 — substantialis, e — substantial, substantiell (< fz. el, elle), wesentlich, kräftig; nahrhaft.
Substantialia UAE.
substantiam UAE., Substanz Dr. ä. E. 163, -ae KL. IV, 13.
substituirten BE. 68. fz.
*subtilen Simpl. 1008, vgl. subtilis, spitz Schott.
Subtilitäten Dr. ä. E. 88, Subtilitet KL. IV, 55.
subtilisationes Ges. 64 — barb. lt. subtilisatio, gen. -onis — Subtilisation, Verfeinerung, Verdünnung.
succedirenden UAE., ZRB. 17, 119 — succéder — succedieren, sukzedieren. fz.
Succefs Simpl. 871 — succès — Success, Sukzefs, Fortgang, glücklicher Erfolg, Ausgang. fz.
Succession UAE. fz.
successivé FK. — successivus, a, um — successive, sukzessive, allmälig, nach & nach.
Successor BE. 90, 373, KL. II, 53, III, 4.
successori LL. — successor, oris — Successor, plur. Nachfolger, Amts-, Thronfolger.
succurriren UAE., KL. III, 20.
Succurrirung HW.

Succurs Simpl. 849, UAE., Soccors HW.
sufficient HW. — sufficient — sufficient, hinreichend, genügend. e.
suggerirt Coll., KL. IV, 23 — suggérer — suggerieren, an
   die Hand geben, eingeben, gewähren, beibringen. fz.
suggestion — suggestion — Suggestion. Häufung, Eingebung,
   Erlistung, Erschleichung. fz.
Suite Dr. ä. E. 112.
Summa D. u. A. 48, 109, BE 58, 137, 210, 211, 212, 214 (+ 8).
summariter UAE., Coll. — summariter — zusammengefafst,
   abgekürzt, bündig.
summatim UAE. — summatim — geringfügig, oberflächlich;
   summarisch, kurz zusammengefafst.
summo UAE.
sumptibus HW. < sumptum, 1. sup. v. sumere — Sumptum,
   eigentl. das Genommene, die (genommene) Abschrift, Kopie;
   zweite Ausfertigung in der päpstlichen Kanzlei nach Verlust
   der ersten.
sundiren UAE. für sondiren — sonder — sondieren, prüfen,
   ergründen, untersuchen. fz.
suo HW. — suus, a, um — der, die das seinige; eigene Leute,
   Nachfolger, Truppen; eigenes Besitztum; eigene Rechte;
   aus eigenem Antriebe; ergeben, freundschaftlich gesinnt.
super Coll. (2).
Superintendanten Büch. 29. fz.
Superintendens ThB., FK. — superintendens, gen. -dentis —
   Superintendentur (mlt. < superintendentura), Amt, Würde
   oder Wohnung eines Superintendenten.
Superintendentur Dr. ä. E. 186; vgl. Superintendens.
Superioritas UAE. — nlt. superioritas, gen. -tatis —
   Superiorität, Überlegenheit, -gewicht, Vorrecht, Vorrang.
superirt HW. — superare — superiren, oben sein, hervor-
   ragen, den Vorzug haben, überschreiten, überlegen sein.
Superlativo Dr. ä. E. 148, Superlativus Coll.
suppeditante FK., suppeditiren UAE., — suppeditare, suppedi-
   tieren, darreichen, behilflich sein.
supplicanten Dr. ä. E. 186, Coll.
Supplicationen Dr. ä. E. 184, JdE. 460, Dkw. 110, 166.
supplicirt Dr. ä. E. 186, 186, JdE. 83, 305 — supplicare —
   supplicieren, supplizieren, bitten, schriftlich um etwas nach-
   suchen, eine Bittschrift einreichen.
suppliciter (Sch. 296) — suppliciter — demütig, unterwürfig,
   flehend, ansuchend.
Supplik BE. 22, 96, 97, 100, 101, 102 (+ 15). fz.
supplir HW. — lt. supplere, fz. suppléer — supplieren, ergänzen,
   nachtragen, ersetzen. lt./fz.

Supponirung BE. 90 < supponiren — supponere - supponieren, voraussetzen, unterschieben.
support (Sch. 294) — support — Stütze, Unterstützung, Haltung; Drehstuhl zum Schieben (beim Eisendrechseln). fz.
supprimiret WVSS. 256 — supprimer — supprimieren, unterdrücken, dämpfen, verschweigen, vertuschen. fz.
supra KL. IV, 63.
suprema BE. 68, supremo UAE. — supremus, a, um — Oberster, Höchster; vgl. supreme OPf. VI, 4 < fz. suprême.
Surintendants ThB. fz.
Surpresen UAE. für Surprisen — surprise — Surprise, Überraschung, Überfall, Erstaunen. fz.
Suspect Simpl. 431, UAE., BE. 20, KL. III, 24 — suspect — suspekt, verdächtig, argwöhnisch, mifstrauisch. fz.
suspendire WVSS. 208, Coll., KL. II, 130, IV, 18 — suspendre — suspendieren, aufschieben, aufheben; einstweilen vom Amt entfernen. fz.
suspensionem (armorum) KL. II, 120, III, 130 — suspension — Suspension, (einstweilige) Amtsenthebung, Aufschiebung, Aussetzung, Hemmung. fz.
suspensiuum KF. I, 488, 493 — nlt. suspensivus, a, um — suspensiv, einstweilen aufschiebend, -einstellend, -hemmend, -hinhaltend.
susspition Dkw. 41, 52 — suspicion — Suspicion, Verdacht, Argwohn. fz.
susspicirten Dkw. 55, 81, 126, 166, 169 — suspicere — aufwärts sehen, von unten her ansehen, dann: im Verdacht haben.
sustentation ThB., KL. III, 27 — sustentation — Sustentation, Unterhaltung, Verpflegung. fz.
sustiniret UAE. — sustinēre — sustiniren, aufrechthalten, tragen, stützen, ernähren, versorgen.
Syllogismum Dr. ä. E. 207, ThB.; vgl. syllogismus, Schlufsrede Schott.
symbolas ThB.; vgl. Symbolum, Denkspruch Schott.
symbolicos ThB., FK., SpH.
symbolijdjen ThB.
Sympathiae Ges. 17. gr.
Symptoma ThB. gr.
systema ThB.
Systematicam FK.

Tabac TM. 376, Taback Dr. ä. E. 157, Spring. 175, Taback- (jaufen), -(trinfen), Ew.C. 234, -(Narren) Ges. 50. amer.
tabouret OPf. VI, 352 — tabouret — Sessel ohne Lehne, Fufsbank, Schemel. fz.

tact StM. 330, Ges. 8, Dr. ä. E. 189, tacte 202.
tacite Vog. I, 392 — tacitus, a, um — taciturn, ($<$ taciturnus, a, um), schweigend, schweigsam, still, verschlossen.
taille OPf. VI, 50. fz.
Talismatibus GM. 291, 294. it.
tali UAE.
taliter qualiter RPl. 98, 309, taliter UAE. — taliter qualiter — so so, mittelmäfsig, einigermafsen.
Tambour Simpl. 466, 471, 599. fz.
tante OPf. VI, 53, 54 — tante — Tante. fz.
tanto Coll. (3).
taxiret UAE.
ertappen Ll. ?
technica SpH.
Te Deum Laudamus Simpl. 831, GW.
telum (praevisum) Dr. ä. E. 160 — telum — Waffe, Wurfgeschofs, -pfeil, -waffe, (= Missile).
temere ThB. — temere — von ungefähr, zufälligerweise, unbedachtsam.
temeritatis FK. — temeritas, gen. -tatis — Temerität, Unbedachtsamkeit, Unbesonnenheit, Tollkühnheit.
Temperament Dr. ä. E. 194, ThB., OPf. VI, 492.
temperirt Simpl. 740, 742, Coll. (2), KL. III, 22.
tempo WVSS. 297.
temporalibus Kl. III, 4 — temporalis, e $<$ tempus, -ora — temporal, zeitlich, irdisch, weltlich, vergänglich; auch: zu den Schläfen gehörig.
tempore Coll. — tempus etc., s. temporalibus.
tendre OPf. VI, 6 — tendre — weich, zart, empfindlich. fz.
Tenor JdE. 258.
tentation Ges. 99, -es ThB. — tentation — Tentation, Versuchung, Anfechtung. fz.
tentatum ThB. — tentare — tentieren, betasten, befühlen, untersuchen; versuchen, -locken, -leiten, reizen.
tentieren WVSS. 334, KL. IV, 13; s. tentatum.
termine KF. I, 493, terminos Dr. ä. E. 163, -is 211, Terminus UAE.; Terminos artis (= Kunstwörter) GW.; vgl. Termini artis, Kunstwörter Schott.
terminirte Simpl. 624.
Terram (Australem incognitam) Simpl. 948 — terra — Terra, Land, Erde.
tertia (major) Dr. ä. E. 34, tertii UAE. — tertius, a, um — Tertius, a, um, Dritter, Drittes, Dritte.
testa WVSS. 227 — testa — Tête ($<$ fz. tête), Kopf, Haupt, Stirn, Vorderteil, Erster, Spitze.

testament OPf. VI, 35.
Testiculi Simpl. 693 (-los ADGK.) — testiculus, plur. testiculi
— Testikeln, Hoden.
testificieren Kl. IV, 20 — testificari — testificieren, bezeugen, beweisen, an den Tag legen.
Testimonia Spring. 185, -ium Dr. ä. E. 36, 36, JdE. 120, -io ThB. — plur. v. testimonium — Testimonium, Zeugnis, Beweis.
testimonialia Büch. 41, 43 — testimoniales — Beglaubiguugsschreiben für reisende Mönche.
Textibus Coll. (2).
textuale FK. fz.
theatralisch SpH.
Theatro Simpl. 551, Theatrum Chronologicum Büch. 40, Theatra UAE. gr.
Thema Ges. 97. gr.
Theologiam Simpl. 28, 29, Ges. 340, Büch. 54, Dr. ä. E. 48, 94, SpH., ThB., LL., FK. gr.
Theologica Dr. ä. E. 86, ThB., FK., SpH. gr.
Theologicis Dr. ä. E. 87. gr.
theologischen Büch. 6, 24, 41. gr.
Theologum Simpl. 629, -i 761, 780, -is RPl. 308, -i Vog. I, 327, TM. 553, Ges. 8, 51, Büch. 11, 26, -orum 15, 29, -i 53, Theologus Academicos Büch. 50, ThB., SpH., Dr. ä. E. 82, 85, 86, 142, 142, -is JdE. 268, Z. RB. 6 etc. gr.
theoretice Dr. ä. E. 83.
Theosophia ThB. gr.
thesi Coll. gr.
Thresor Ges. 327, 329, 379, Trysur Simpl. 550 (Tresor K.). fz.
Thresoriers UAE. fz.
tinctura (Bezoardi) Dr. ä. E. 177.
tiffitentz WVSS. 188 (?) < diffitiren < diffitēri, nicht eingestehen wollen, ableugnen.
titillation Büch. 21 (?) für Titulatur oder Titulmanie?
*Titul Simpl. 157, 229, 220, 232, 1013, Ges. 129, titulus juris Dr. ä. E. 154, Titul 27, 102, 165, 219 etc. titulo UAE.
Titular(=Buch) Simpl. 156.
titulirt Simpl. 229, 467, Coll. (4) fz.
toleriren Dkw. 156. fz.
Topicam Simpl. 780, LL.
torquiret GM. 266, UAE. — torquer — torquiren, drehen, winden, rollen, martern, peinigen, quälen. fz.
total WVSS. 134, 167, 191, 240, Totalruina GW. fz.
totius GW. (?) für totiēs (im alten Mss. totiens), so oft, ebenso oft, oftmals.

touchirt OPf. VI, 56. fz.
tour Dr. ä. E. 214, Dkw. 68, 178 — tour Tour, plur. -ren,
 Gang, Umgang, Reise, Runde, Wendung, Streich, Schelmen-
 stück; Haaraufsatz, -geflecht. fz.
*Trabanten AsB. 309. ung.
tractabler TR. — tractabilis, e — traktabel, umgänglich, leicht
 zu behandeln, geschmeidig.
Tractament Spring. 209, St.M. 343, D. u. A. 117, KJ. 747,
 tractamenta UAE.
Tractat Simpl. 770, Dr. ä. E. 30, 125, UAE., Stud. 456; (= Ab-
 handlung Schott.)
Tractation Simpl. 390, Traktation UAE., Coll., KL. II, 12.
*tractirt Simpl. 21, 48, 59, 94, 204, 390, 468, 570 etc., P. u. L.
 42, 167, 245, *tractieren Büch. 22, retractiret 25, JdE. 151,
 181, 328 etc., tractiret Dr. ä. E. 82, 87, 105, 115, 151,
 UAE.
tractirung WVSS. 133.
tradiment WVSS. 304 — tradimento — Verrat, Wort-
 brüchigkeit. it.
Tradition Simpl. 400, vgl. traditio, Übereignung Schott. fz.
Tragoedi Vog. II, 131 (= Trauerspiel Schott.).
tragonerleutenant WVSS. 291. fz.
trainiren UAE., Dkw. 169. fz.
tranquilliret WVSS. 239, 242, 245, 251 — tranquillare —
 tranquilliren, beruhigen, aufheitern.
tranquillirung WVSS. 193, 277 < tranquilliren; s. tranquilliret.
tranquillität WVSS. 248 — tranquillitas, gen. -tatis — Trau-
 quillität, Ruhe, Stille, Gelassenheit.
Transaction KL. II, 333, III, 16 — transaction — Transaktion,
 Verhandlung, Vergleich, Umsatz. fz.
transferiret UAE. — transférer — transferieren, übertragen,
 -bringen, -schaffen, -setzen, versetzen. fz.
transformiret Büch. 28.
translation HW. — translation — Translation; Übertragung,
 Versetzung, Verpflanzung, Übersetzung. fz.
Transmutation Simpl. 929 — transmutation — Transmutation,
 Vertauschung, -wechslung, -wandlung. fz.
tratidoris WVSS. 108 (?) für traditoris — traditor, gen. -oris
 — Traditor, plur. -toren, Über-, Auslieferer, Verräter.
travaglien GW., HW., Travallien StM. 342 — travaglio —
 Travaillen, mühseliges Arbeiten, beschwerliche Geschäfte;
 Querbalken. it.
Travaille Dkw. 42 — travail — Travaillen; travaglien. fz.
traversiren HW. — traverser — traversieren, quer durch
 gehen, zur Seite springen, durchkreuzen, hindern. fz.

trenchen WVSS. 201 — trench — Schnitt, Graben, Laufgraben,
    Schramme, Kerbe, Schlitz, Fundamentgrube. e.
trenschirte Dr. ä. E. 69 — to trench — trenschiren, graben,
    durchschneiden, mit Wall & Graben befestigen, eingreifen. e.
tresorier OPf. VI, 28 — trésorier — Schatzmeister, Rendant,
    Säckelmeister. fz.
tribuliren Simpl. 56, 403, 583, 846, -ieren GW. — tribulare
    — tribulieren, quälen, placken.
Tribunals KF. I, 488. fz.
trillen Simpl. 204, 724. it.
Trinitatis FK.
Tripple-Alliantz Vog. II, 84, 85, 88.
Triumphen Simpl. 232, AsB. 205, 284.
triumphirend Simpl. 117, OPf. VI, 338.
Trofs HW. fz.
troubliren Dkw. 81 — troubler — trublieren, trüben, beun-
    ruhigen, verwirren, stören. fz.
Trouppen Simpl. 40 (Troup ADGK.) 410, 412, 417, Troppen
    GM. 794, trouppen AsB. 78, 286, UAE., truppen AsB. 335. fz.
tua (serenitas) Dr. ä. E. 188 — tuus, tua, tuum — deiner,
    deine, deines; der, die, das Deinige, deinige.
Turbationes GW. — turbatio, gen. -onis — Turbation, Ver-
    wirrung, Beunruhigung, Störung.
turbiren WVSS. 140, 161, 167, 207, KL. III, 14 — turbare —
    turbiren, verwirren, beunruhigen, stören, placken.
turpe Büch. 27 — turpis, e — häfslich, entstellt, schmählich,
    schändlich, schimpflich.
tutores HPh. 6 — tutor, oris — Tutor, plur. -toren, Vor-
    mund, (nach dem Engl.) Hauslehrer, Hofmeister.
Tyrannen Simpl. 161.
Tyrannei Ges. 158. fz.
Tyrannisei GW. gr.
tyrannisirt GW. gr.

ultimo HW.
ultro HW., ThB., FK.
Umbra Simpl. 227, plur. v.. Umber — umbra — Schatten,
    Schattenfarbe, Bergbraun = nach Umbrien benannte Erdart. it.
umbragie WVSS. 26 (?) für ombrage — ombrage — Ombrage,
    Schatten, Argwohn, Verdacht, Mifstrauen. fz.
unanimirter UAE.
undisputirlich ThB. (?) für „nicht disputabel" — disputable
    — disputabel, streitig, bestreitbar. fz.
Ungventen Simpl. 134 — unguenten < unguere — Unguent,
    Salbe, ein mit Fett bereitetes Arzneimittel.

unice LL. — unicus, a, um — der, die, das einzige, alleinige, vorzüglich, ausgezeichnet; vgl. unicus, einzig. Schott.
Union UAE. fz.
unirt HW. fz.
Universal(=Friede) Simpl. 399.
universali HW., ThB.
Universitäten Dr. ä. E. 82, 141, 152, 155 etc., universität ThB., FK., LL., SpH.
Universo KL. III, 98.
Urbanos Coll. — urbanus, a, um — urban, städtisch, fein, gebildet, höflich, gewandt.
urgiren UAE., KL. II, 123 — urgere — urgieren, Nachdruck auf etwas legen, dringend betreiben, ersuchen.
usque GW. — usque — beständig, bis, unaufhörlich.
usum Dr. ä. E. 163, IIW., Usum Oratoricum Dr. ä. E. 87, Stud. 459; vgl. usus, Brauch Schott., usus fructus, Fruchtniefsung, Zesen.
utile Büch. 7 — utile — nützlich, brauchbar. fz.
utiliter JdE. 374 — utiliter — nützlich, brauchbar.

Vacatur GW. — ult. vacatura — Vacatur, Vakanz, Erledigung (eines Dienstes, Amtes), Ruhezeit, Erholung, Ferien.
Vacirend JdE. 77, ThB., Vog. I, 327, KL. II, 119, vacierente KL. III, 51, vaciert III, 52 — vacare — vacieren, vazieren, erledigt, dienstlos sein, offen stehen — vacirend = dienstlos.
Vaganten Ges. 65, JdE. 105.
vagire Simpl. 391, 637, vagieren 1006, Ges. 65 — vaguer — vagieren, umherschweifen, herumstreichen. fz.
vaine OPf. VI, 27 — vain, e — nutzlos, eitel, leer, nichtig. fz.
Vakantz WVSS. 273, Vacanzen UAE. fz.
Vale Gauck. 313, GM. 297.
Valeat Simpl. 1045.
Valedixirung WVSS. 109 (?) < valediciren < valedicere — Valediction (ult. valedictio, gen. -onis), Abschiednehmen, Abschiedsrede.
Valete Simpl. 120.
Valor Simpl. 756, 840, P. u. L. 34, HW., SHB., Coll. (2), KL. III, 114 — nlt. valor — Valeur (< fz. valeur), Wert, Gültigkeit, Geltung (einer Münze); vgl. Valor (der Müntze), Wehrschaft Schott.
Vanitäten Simpl. 229, Dr. ä. E. 189, UAE. — vanité — Vanität, Lehre, Nichtigkeit, Aufgeblasenheit, Prahlerei. fz.
variablest Vog. II, 84, 197. fz.
varietate Coll.

vegetabilia GM. 292 — plur. v. vegetabile — Vegetabilien, Pflanzen, Gewächse.
vehiculum Dr. ä. E. 157 — vehiculum — Vehikel, Fuhrwerk, Fahrzeug, Wagen, Schiff, Kahn.
vel HW., Coll. — vel — daher; (vel . vel) entweder ... oder; sogar; zum Beispiel, insbesondere.
venerandi ThB. — venerari — veneriren, verehren, Ehrfurcht bezeigen, Ehrerbietung anrufen, -flehen.
veneres HPb. 183 — venus, gen. -eris — Liebe; geliebtes Wesen; Anmut, Lieblichkeit; vgl. Planet: Venus.
veneriren Dr. ä. E. 112 — vénérer — veneriren, verehren. fz.
Veneris (praeludium) Simpl. 189 — Venus — Venus, Göttin der Schönheit u. Liebe, Wollust, Morgen- u. Abendstern; Kupfer (in der Scheidekunst).
verbis GW. (= Zeitwort Schott.).
Veritas Ges. 23, 23, veritatis ThB., -tatem KL. III, 29 — veritas, gen. -tatis — Verität, Wahrheit, Aufrichtigkeit, Echtheit.
Versicl JdE. 455.
version FK., versio in rem Stud. 456 — version — Version, Wendung, Lesart, Übersetzung; vgl. versio germanicè, Teutschung Schott. fz.
versirte Dr. ä. E. 142, UAE. — versari — versieren, verkehren, sich beschäftigen (mit etwas); versiert, bewandert (in etwas) sein.
vertirt Dr. ä. E. 148 — vertëre — vertieren, wenden, übersetzen.
Vesper WVSS. 166, 167.
vestigia Coll. — plur. v. vestigium — Vestigium, plur. Tritt, Spur, Merkmal, Kennzeichen.
vexationes UAE., KL. III, 96 — vexation — Vexation, Belustigung, Neckerei, Fopperei. fz.
vexieren Simpl. 228, 391, Ges. 99, Dr. ä. E. 62, 98, vexirt Büch. 32, Coll. OPf. VI, 39.
Vexiererey Dr. ä. E 26, 218.
vexierlich Dr. ä. E. 118.
Vezier GW. arab.
via (ordinaria) KL. II, 71 — via — Via, Weg, Strafse, Reise, Marsch, Mittel; (auf dem Wege) über; via London = über London.
Viaticum Vog. I, 336 — viaticum — Viatikum, Zehrgeld, letztes Abendmahl für Sterbende.
Vicar UAE., Vicarius Coll.
Vicé Ré WVSS. 108, Vicekanzler UAE., WVSS. 125, 135, 195, 256, 306.

vicitiren Dkw. 134 (?) für visitiren — visiter — besuchen,
 durchsuchen. fz. ?
Victori Simpl. 110, JdE. 520 — victory — Viktoria, Sieg,
 Siegesgöttin. c.
Victril Simpl. 907. it.
Victualien Simpl. 473, 650, Viktualien Coll., UAE., Khev. 280. fz.
victualisirt Vog. I, 355 (?) < Victualien.
vidimirte WVSS. 276 — vidimer — vidimieren, beglaubigen,
 druckreif erklären. fz.
Vigil JdE. 83.
Vigilanti JdE. 372 — vigilans, gen. -antis, part. praes.
 vigilare — vigilant, wachend, spähend, aufmerksam.
vigiliren BE. 66 — vigiler — vigilieren, aufpassen, spähen,
 beobachten fz.
vigore BE. 215 — vigor, gen. -oris — Leben, Lebensfrische,
 -kraft, Stärke.
vinculum UAE. — vinculum — Vinkulum, Band, Seil, Strick,
 Fessel.
vindiciren Büch. 15, LL. — vindicare — vindicieren, vindi-
 zieren, beanspruchen.
Vindicirung BE. 69 < vindiciren — Vindikation (< vindicatio,
 gen. -onis), Anspruch, Abwehr, Verteidigung, Rache, Strafe,
 Bestrafung.
violation Coll. — violatio, gen. -onis — Violation, Verletzung,
 Schändung.
violentiae GW. — violentia — Violenz, Gewaltsamkeit,
 Heftigkeit.
violiert Simpl. 944 — violer — violieren, gewaltsam entehren,
 schänden. fz.
viridi GW. — viridis, e — grün, frisch; vgl. viridarium
 Lustgarten, Schott.
virtutes HPh. 13 — virtus, gen. -tutis — Mannheit, Tüchtig-
 keit, Tapferkeit, Tugend.
vis UAE., vim BE. 92, viribus 158, 321 — vis — Kraft,
 Macht, Gewalt.
Visionen Simpl. 852. fz.
Visita JdE. 79, Visitite Büch. 15, Dr. ä. E. 180, 214, BE. 113,
 177, 256, 258. fz.
Visitationen BF. 144, ThB., HPh. 65. fz.
Visitatorn Coll.
vissitte OPf. VI, 41 für visite. fz.
visitiren Simpl. 200, 262, 325, 382, 981, UAE., BE. 56. fz.
Visitirung BE. 64 < visitiren. fz.
vitae HW., BE. 90, 171, FK. — vita — Leben, Lebenslauf,
 -art etc.

vitio (lingvae) Dr. ä. E. 117 — vitium (plur. vitia) — Verletzung, Fehler.
vivacitet OPf. VI, 315 — vivacité — Lebhaftigkeit, Beweglichkeit, Munterkeit. fz.
vive UAE. fz.
Vivers TM. 354, GW. — fz. vivres, sp. viveres — Lebens-, Nahrungsmittel. fz./sp.
Vocalibus & Instrumentalibus RPl. 333; vgl. vocalis, Selbstlauter Schott.
vocandos ThB. — vocare — vozieren, berufen, vorladen.
Vocations Vog. II, 48, 160, Dr. ä. E. 122, 186, ThB., KL. II, 51 — vocation — Vokation, Berufung, Vorladung, Ernennung. fz.
Vocativ JdE. 106, -us 322, -i 390.
volens (nolens) BE. 315.
Volontiers Simpl. 38 — volontiers — gern, willig, leicht. fz.
volumina FK. — plur. v. volumen — Volumen, Band, Umfang.
voluntatem KL. IV, 20 — voluntas, gen. -tatis — Wille.
Vomitiv Simpl. 1014, AsB. 55, Vomitorio JdE. 239, -orium 329.
votirt BE 211, UAE. fz.
votum Dr. E. 180, vota BE. 190, 271, UAE.

Ziffern Dkw. 65, 68. arab.
Zitrone Dkw. 63, 67, 78, 223 (Citrone). it.

Verzeichniss der benutzten Texte.

Beyschlag. Sammlung ausländischer Wörter. 1774.

Briefe aus England über die Zeit von 1674—1678, hrg. v. L. v. Orlich, mit einem Vorworte von Fr. v. Raumer. Berlin 1837. (= BE.)

Briefe G. M. Lingelsheims, M. Berneggers & ihrer Freunde. Heilbronn 1889 (meistens lat. Briefe; auf S. 664 & S. 675 sind deutsche Br. v. M. Opitz). Quellen zur Geschichte des geistigen Lebens in Deutschland während des 17. Jh., nach Hss. hrg. u. erläutert v. Dr. Alexander Reifferscheid, o. ö. Prof. d. d. Philologie in Greifswald. (= BO.)

Bülau (Prof. Dr. E.). Studentenbriefe aus dem 17. Jh. Zeitschr. für Kulturgeschichte 1859. S. 449ff. & 498ff. (= Stud.)

Campe (Joich. Heinr.). Wörterbuch zur Erklärung u. Verdeutschung der unserer Sprache aufgedrungenen fremden Ausdrücke.

Carolus V. imperator. Discours ober Kayser Carolen des Fünfften mit dem König aus Frankreich. Amberg 1609. (= DC.)

Dialogoues. Ein neu nützlich- & lustigs Colloquium von etlichen Reichs-Tags-Puncten. 1653. (= Coll.)

Dunger. Wörterbuch von Verdeutschungen entbehrlicher Fremdwörter. Leipzig 1882.

Dunger. Das Fremdwörterunwesen in unserer Sprache. Heilbronn 1884.

Erdmannsdörfer (Prof. Dr. B.). Politische Verhandlungen. Urkunden & Aktenstücke. Bd. 1—5. Berlin 1864—84. la. 8⁰. (= UAE).

Erläuterungen zum Verstande der Schifffahrt und des See-Krieges. Breszlau 1774. (= Sch.)

Gaedeke (Dr. Arnold). Wallensteins Verhandlungen mit den Sachsen & Schweden, 1631—34, mit Akten & Urkunden aus dem kgl. sächsischen Hauptstaatsarchiv zu Dresden. Frankfurt a. M. 1885. 8⁰. (= WVSS.)

Gesichte Philanders von Sittewald, Kürschners Deutsche Nat.-Lit., Bd. 15. (= Ges.)

Gindely (Anton). Waldstein während seines ersten Generalats im Lichte der gleichzeitigen Quellen. 1625—1630. 2 Bde. Prag Wien) 1886. la. 8⁰. (= GW.)

Grimmelshausen (Hans Jakob Christoffel):

Simplicissimus Buch 1, 2, 3, 4, 5; Keller, Bd. 65, 66. Bibliothek des lit. Vereins.

Simplicissimus, Buch 6, ib., Bd. 66. (= Simpl.)

Courage, Kurz, Teil III, Bd. 5. Deutsche Bibliothek. — Sammlung seltener Schriften der älteren deutschen National-Literatur. (= Cour.)

Ewig-währender Calender, Kurz, Teil IV, Bd. 6. Deutsche Bibliothek etc. (= Ew.C.)

Springinsfeld, Kurz, Teil III, Bd. 5. Deutsche Bibliothek etc. (= Spring.)

Gauckeltasche, Kurz, Teil IV, Bd. 6. Deutsche Bibliothek etc. (= Gauck.)

Ratio Status, Bobertag, Bd. 35. (= RSt.)

Rathstübel Plutonis, Bobertag, Bd. 35. (= RPl.)

Stoltzer Melcher, Kurz, Teil IV, Bd. 6. Deutsche Bibliothek etc. (= StM.)

Vogelnest I, II, Kurz, Teil III, IV, Bd. 6. Deutsche Bibliothek etc. (= Vog. I, II.)

Galgen-Männlein, Kurz, Teil IV, Bd. 6. Deutsche Bibliothek etc. (= G.M.)

Teutscher Michel, Kurz, T il IV, Bd. 6. Deutsche Bibliothek etc. (= TM.)

Keuscher Joseph, Gesamtausgabe 1683, Teil II, Buch 3. (= KJ.)

Dietwalt und Amelinde, Einzelausgabe 1670, gedruckt bei Felfsecker in Nürnberg. (= D. u. A.)

Proximus und Lympida, Einzelausgabe 1672. (= P. u. L.)

Guhrauer (G. E.). Gottfried Wilhelm Freiherr von Leibnitz. Eine Biographie. 2 Teile. Breslau 1846. 8°. (= LL.)

Hainhofer, Philipp. Des Augsburger Patriciers. Philipp Hainhofer, Beziehungen zum Herzog Philipp II. von Pommern — Stettin. Korrespondenzen aus den Jahren 1610—19. Im Auszuge mitgeteilt & kommentiert von Dr. Oscar Doering. Wien. — Verlag von Carl Graeser 1894. (= HPh.)

Harder (Franz). Werden & Wandern unserer Wörter. Leipzig 1884.

Heinze. Über die Fremdwörter im Deutschen. Berlin 1878.

Henischii. Thesaurus Linguae et Sapientiae Germanicae 1616.

Heynatz (J. F.). Versuch deutschen Antibarbarus. 1796.

Heyse (Dr. Joh. Christ. Aug.). Allgemeines verdeutschendes & erklärendes Fremdwörterbuch. Hannover 1848.

Heyse (Dr. J. C. A.). 14000 Fremdwörter nach ihrer Abstammung erklärt & verdeutscht. Hannover 1895.

Hossbach (Wilhelm). Philipp Jakob Spener & seine Zeit, eine kirchenhistorische Darstellung. 2. Auflage, hrg. von Gustav Schweden. 2 Teile. Berlin 1853. 8°. (= SpH.)

Jürgens (Karl). Neues etymologisches Fremdwörterbuch. München 1875.

Kaltschmidt (Dr. Jakob Heinrich). Neuestes & vollständigstes Fremdwörterbuch. Leipzig 1870.

Kehrein. Fremdwörterbuch. Stuttgart 1876.

Khevenhüller (Hans von). Briefe des Herrn Hans von Khevenhüller an seine Gemahlin Maria Elisabeth, geborene v. Dietrichstein. 1630—1632. — Zeitschrift für deutsche Kulturgeschichte 1857. S. 276 ff. (= Khev.)

Khlesl's Leben von Hammer-Purgstall. Bd. II, III, IV. (= KL.)

Khull (Prof. Dr. Ferdinand). Grimmelshausens Schrift „Pralerey & Gepräng mit dem Teutschen Michel" (1673), hrg. mit Anmerkungen. Wissenschaftliche Beihefte zur Zeitschrift des Allg. Deutschen Sprachv., Heft VII. Abdruck des in der Kgl. Bibl. zu Berlin sich befindlichen Abzugs der 1. Ausgabe des Teutschen Michel vom Jahre 1673.

Kluge (Friedrich). Etymologisches Wörterbuch der deutschen Sprache. Fünfte verbesserte Auflage. Strafsburg. 1894.

Kramer (Gustav). A. H. Francke. Ein Lebensbild, dargestellt von G. Kramer. 2 Teile. Halle a/S. 1880—1882. 8⁰. (= FK.)

Landsberg (Prof. Dr. Ernst). — Zur Biographie von Christian Thomasius. — Festschrift zur 2. Säkularfeier der Friedrichs-Universität zu Halle. Bonn 1894. (Enthält ein Schreiben des Kurf. Friedr. III von Königsberg i. Pr. den $\frac{31.\ März}{10.\ Apr.}$ 1690 an den Herzog von Sachsen-Zeiz.) (= KF.)

Ledebur. König Friedrich I von Preufsen. Leipzig 1878. (= KFl.)

Leonora Christina, Tochter von Christian IV. Denkwürdigkeiten der Gräfin zu Schleswig-Holstein, Leonora Christina, vermählten Gräfin Ulfeldt aus ihrer Gefangenschaft im blauen Turm des Königsschlosses zu Copenhagen. 1663—1685, nach der dänischen Original-Handschrift im Besitze Sr. Exzell. des Herrn Johann Grafen Waldstein, hrg. von Johannes Ziegler. 2. Auflage. Wien 1879. 8⁰. (= Dkw.)

Maaler (Josua). Die Teutsch Sprach 1561.

Meyer (Leo). Über Fremdwörter, besonders die slawischen Fremdwörter im Deutschen Dorpat 1873.

Moers (Joseph). Die Form- & Begriffsveränderungen der französischen Fremdwörter. Bonn 1884.

Musikalisches Taschen-Fremdwörter-Buch. Chemnitz. 1845. (= MT.)

Opel (Julius, Otto). Die Anfänge der deutschen Zeitungspresse 1607—50. Leipzig 1879. 8⁰. (= OZ.)

Orléans (Elisabeth, Charlotte von). Briefe an die Pfalzgräfin Louise 1676—1722, hrg. v. Wolfgang Menzel. — Bibliothek des litt. Vereins. Bd. 6. Briefe aus den Jahren 1676—1706. hrg. v. Wilhelm L. Holland. Bd. 88 ibid. (= OPf.)

Rausch (Alfred). Christian Thomasius als Gast in Erhard Weigels Schule zu Jena. Ein Beitrag zur Geschichte der Pädagogik im 17. Jahrh. (Symbola doctorum Jenensis gymn. in honorem gymn. Isenacensis collecta, S. 60). Jena 1895. 4⁰. (= TR.)

Sanders. Fremdwörterbuch. Leipzig 1871.

Sarrazin. Verdeutschungswörterbuch. Leipzig 1888.

Schaching (Otto von). Maximilian I., der Grofse, Kurfürst von Bayern (i. d. Sammlung historischer Bildnisse. Serie III. 9). Freiburg i. B. 1876. 8⁰. (= SHB.)

Schacht (Ludwig). Über den Kampf der deutschen Sprache mit fremden Elementen. Elberfeld 1866.

Schill (HH.) (s. Schultz: Die Bestrebungen etc.; diese Schrift enthält eine Besprechung des „Der Teutschen Sprach Ehrenkrantz" von H. H. Schill; letzterer erläutert hier eine gewisse Anzahl damals gebräuchlicher Fremdwörter.) (= HS.)

Schottelius (Justus, Georg). Ausführliche Arbeit der Teutschen Haubt-Sprache. Braunschweig 1663. (= Schott.)

Schultz (H.). Die Bestrebungen der Sprachgesellschaften des 17. Jahrhunderts für Reinigung der Sprache. Göttingen 1888.

Schuppius (J. B.). Bücherdieb, Ausgabe 1658, gedruckt bei P. Jansoon, Amsterdam. (= Büch.)

Spener (Philipp Jakob). Theologische Bedencken, und andere brieffliche Antworten auf geistliche, sonderlich zur erbauung gerichtete materien, zu unterschiedenen Zeiten aufgesetzet, und nun zum dritten mal herausgegeben. 4 Teile. Halle 1712. (= ThB.)

Sperander. à la mode Sprache der Deutschen (auch 1728 ausgegeben) 1727.

St. Clara (Abram à). Judas der Erzschelm, gedruckt bei M. Haan in Salzburg. Bd. 1: 1686; Bd. 2: 1689; Bd. 3: 1692; Bd. 4: 1695. (= JdE.)

Steinhausen (Dr. Georg). Geschichte des deutschen Briefes. Berlin 1891.

Tobler. Die fremden Wörter in der deutschen Sprache. Basel 1873.

Wallensteins Ende: ungedruckte Briefe & Akten, hrg. von Hermann Hallwich. (= HW.)

Weise (Christian). Die drei ärgsten Erznarren. Neudrucke der Lit. Werke des 16. & 17. Jahrhunderts. (= Dr. ä. E.

Wirth (Johann). Moscherosch, Gesichte Philanders von Sittewalt. Verhältnis der Ausgaben zu einander und zur Quelle. Nebst einem biographischen Anhang. Inaug. Diss. Erlangen 1887. 8⁰. (= BM.)

Zeiller. Itinerarium Italiae (Raifs-Beschreibung durch Italien). Frankfurt 1640. (= Z. RB.)

Ziegler (H.). Asiatische Banise. Kürschners Deutsche National-Literatur. Bd. 21. (= AsB.)

Zinkgref. Der Teutschen Scharfsinnige Kluge Sprüch. 1626. (= ZSp.)

Hechtenberg. (Dr. Klara). Das Fremdwort bei Grimmelshausen. Heidelberg 1901.

Hechtenberg (Dr. Klara). Der Briefstil des 17. Jahrhunderts. Ein Beitrag zur Fremdwörterfrage. Berlin 1903.

Abkürzungen.*)

accus. = Akkusativ.
adv. = Adverb.
afr. = afrikanisch.
afz. = altfranzösisch.
ahd. = althochdeutsch.
amer. = amerikanisch.
arab. = arabisch.
AsB. = Asiatische Banise.
BE. = Briefe aus England.
BM. = Brief von Moscherosch.
betr. = betreffs.
BO. = Briefe von Martin Opitz.
Büch. = Bücherdieb.
c. = circa.
Coll. = Colloqvium.
conj. = Konjunktiv.
Cour. = Courage.
dat. = Dativ.
D. u. A. = Dietwalt und Ameliude.
DC. = Discours über Carolus V.
d. h. = das heifst.
Dkw. = Denkwürdigkeiten der Gräfin Ulfeldt.
Dr. ä. E. = Drei ärgste Erznarren.
e. = englisch.
eigtl. = eigentlich.
etc. = und so weiter, auch: und ähnliche Wörter.
EwC. = Ewig-währender Calender.
f. = für.
finn. = finnisch.
FK. = Francke: ein Lebensbild, hrg. v. G. Kramer.
fz. = französisch.

*) Für genauere Angabe der Büchertitel vgl. Textverzeichnis S. 139.

Gaun. = Gaunersprache.
gen. = Genitiv.
germ. = germanisch.
Ges. = Gesichte Philanders von Sittewald.
GM. = Galgen-Männlein.
gr. = griechisch.
GW. = Gindely's Waldstein.
hd. = hochdeutsch.
hebrä. = hebräisch.
HPh. = Philipp II. & Phil. Hainhofer.
HS. = H. H. Schill.
HW. = Wallensteins Ende, hrg. von Hallwich.
it. = italienisch.
Jh. = Jahrhundert.
JdE. = Judas der Erzschelm.
jüd. = jüdisch.
kelt. = keltisch.
KF. = Schreiben von Kurfürst Friedrich III. (KF. I. = König Fr. I.)
Khev. = Briefe von Khevenhüller.
KJ. = Keuscher Joseph.
KL. = Khlesl's Leben von Hammer Purgstall; Bd. II, III, IV.
LL. = Lebensgeschichte von Leibnitz.
lt. = lateinisch.
Mex. = aus Mexico.
mfz. = mittelfranzösisch.
mhd. = mittelhochdeutsch.
mlt. = mittellatein.
MT. = Musikalisches Taschen-Fremdwörterbuch.
ndd. = niederdeutsch.
ndl. = niederländisch.
nhd. = neuhochdeutsch.
nlt. = neulatein.
OPf. = Briefe v. E. C. v. Orleans an Pfalzgräfin Louise.
OZ. = Opels Anfänge der deutschen Zeitungspresse.
plur. = Plural.
poln. = polnisch.
portug. = portugiesisch.
preuss. = preussisch.
P. u. L. = Proximus und Lympida.
RPl. = Rathstübel Plutonis.
RSt. = Ratio Status.
russ. = russisch.
s. = siehe.
Sch. = Erläuterungen zum Verstande der Schiffahrt.

Schott. = Schottelius' Teutsche Haubt-Sprache.
SHB. = Schachings historische Bildnisse.
Simpl. = Simplicissimus.
sing. = Singular.
slav. = slavisch.
sp. = spanisch.
SpH. = Spener und seine Zeit etc. von Hossbach.
Spring. = Springinsfeld.
StM. = Stoltzer Melcher.
Stud. = Studentensprache; auch: Studentenbriefe.
ThB. = Theologische Bedencken etc.
TM. = Teutscher Michel.
TR. = Thomasius etc. hrg. von Rausch.
türk. = türkisch.
UAE. = Urkunden und Aktenstücke, Erdmannsdörfer.
ung. = ungarisch.
vgl. = vergleiche.
vlt. = vulgärlatein.
Vog.I,II.= Vogelnest I, II.
WH. = Wallensteins Ende, hrg. von Hallwich.
WVSS. = Wallensteins Verhandlungen mit den Sachsen und Schweden.
z. B. = zum Beispiel.
Z. RB. = Zeiller: Raifs-Beschreibung.
ZSp. = Zinkgref: Kluge Sprüch etc.
z. T. = zum Teil.
z. Z. = zur Zeit.
& = und.
< = stammt von, abgeleitet von, gebildet nach, verwandt mit.
> = wird.

Inhalt.

	Seite
Einleitung	5
Wörterbuch	7
Textverzeichnis	139
Abkürzungen	145

www.ingramcontent.com/pod-product-compliance
Lightning Source LLC
Chambersburg PA
CBHW021859230426
43671CB00006B/449